康熙 上虞縣志

2

紹興大典 史部

中華書局

上虞縣志卷之六

建置志二　　廨署　壇祀

公署

布政分司在啓文門外即南司嘉靖間以倭患火之後令熊公汝器重建規制殊隘于舊餘空地在城南者尚多司東側建振武亭今廢

按察分司在縣東北一百步即舊北司元季方國珍行府令趙公允文改爲司今圯

公館在縣東一百步城隍廟東側久廢徐公待聘即其地剏建文昌閣貽通學諸生講也今壞尚可修葺

龍光驛節亭在縣西門外使節往來于此停候萬曆十二年令朱公維藩建公署三間後即西倉基内有二令祠并空地今廢

通明會館在縣東門外三里送迎驛節之所萬曆十二年令朱公維藩即故址重建二十九年令胡公思伸重修門臺東西有撫院劉及胡捨學田二碑今廢有碑存

娥江公署在曹娥驛西萬曆十二年邑令朱公維藩建萬曆三十三年令徐公待聘重修今廢

鷟山公館在蒿壩南今廢遺址尚在

按虞邑爲浙東孔道舊有南北二司一在郭外一在郭内爲往來停驂之所今蕩然無復存者或一

亘使節並臨何以館之非徼駐民居必憩息蕭寺其亦守土者之責與然公家興作之費非天雨鬼輸修舉廢墜以俟後之賢者

屬署

梁湖壩巡檢司在十都百官市舊在梁湖洪武戊寅汇湖衛把移置百官驛故址弓兵一十八名內濟邊五名實役一十三名

黄家堰巡檢司在七都會稽延德鄉界舊在八都黄家堰弓兵一十八名內濟邊五名實役一十三名

廟山巡檢司在五都夏蓋山相近弓兵二十二名內濟邊五名實役一

十七
名

梁湖壩在十都梁湖向無廨舍壩官假民居署事

上虞稅課局去縣南一百步前元不立衙宇僦民房辦課洪武初建設廨署弘治間崩壞局官居無定所嘉靖十一年裁革課附本縣其址改建陰陽學

三界稅課局昔改于上浦地方嘉靖年間裁革今其基地改爲張神廟

五府稅課局在鎮都元改馬渚酒庫爲稅務明改今名嘉靖革課附本縣

上虞河泊所二一在第十都百官市一在通明門外俱洪武間設其在通明門外者隨設隨廢今其址爲南司其在百官市者嘉靖間裁革魚鈔歸縣

曹娥驛舊去縣西三十里梁湖鎮名曹娥站元大德
癸卯江濤衝壞尹阮公惟貞遷置縣治西明洪武
初復移置舊所總管廟邊嘉靖間令楊公文明移
驛出江口剏正廳門臺後軒東西館室廊房俱備
驛丞仍給夫船迎送使客往來其舊址居民納價
佃訖自遭倭寇兵與支應山積民破家不能供盖
疲獘極矣至按院龐公尚鵬力拯其困爲奏革之
其夫船等項仍存其半以梁湖壩官領焉額設站舡五隻
紅船二隻中河舡二十四隻小河舡一十二隻撑
駕站舡水夫每隻三名紅船水夫每隻三名中河

舡水夫每隻二名小河舡每隻一名共水夫八十乙名走差岸夫五十一名舖夫三名　餘姚協濟站舡二隻工食料價俱餘姚支給分守道座舡一隻餘上二縣朋造　曹娥江擺渡站舡一隻會上二縣朋造　曹娥蒿壩灘船四隻會上二縣朋造

朱維藩曰法制莫備於古人紛更莫甚于近日此一驛也去東關祗隔一江似爲可減然自蓬萊以至東關西路止矣又自曹娥以達姚江東路始焉酌往來之所必由爲驛路之所起止故設並驛別東關夫馬例不越江則曹娥一驛勢所難廢今驛減矣而廢移之縣縣去驛三十里往往支應不敷

奔走候事以縣代驛其廢奚殊近日惡紛更者之
爲非而又嫌議覆者之非是姑存其議以俟
邑人陳綰議曰曹娥驛爲東路發脚之地每上司
使客往來站船之外多用河舡數隻站舡止給過
關米而河舡則用銀僱覓其價直算至餘姚寧波
或百里或二三百里之價蓋前路不更船雖量貼
過關所得不多也舊無定價近年官定舡一隻銀
一錢五分然一日緊急或有加至二三四錢者上
司有限而鄉宦無窮上司之行李不多而鄉宦夾

帶之行李不可勝計是故僱覓河舡之費不貲矣

舊例蒿壩迎送上司止是東關驛支當以故上虞協濟岸夫一十名今蒿壩迎送之勞上虞分當之矣而岸夫仍前不撤何也上虞夫役直至會稽縣不煩東關兌換而會稽夫役至曹娥驛交卸何也寃乎不平哉夫由新嵊而下者必經蒿壩是新嵊之勞吾兼之矣然新嵊東西非通衢也由山會而來者必由上虞是山會之勞吾兼之矣然山會南北非通衢也至于諸暨極富庶而又偏僻其坐派

差役恐不能如上虞之多也自西自東自南自北無非官府絡繹之所有江有河有驛有壩俱爲水陸盤桓之地者八縣中惟上虞爲然即如山會附郭二縣亦衝繁矣然在西者夫皂出自山陰在東者夫皂出自會稽猶有更迭歇息之利況南北不爲通衢而百姓又多殷實其辦此不爲勞矣　新昌無太積庫丁起于正德年間兵部尚書何公鑑厚其鄉人之故摠計徭役此爲偏累而彼爲獨逸東關蓬萊船馬夫役獨不可量移而分派乎夫上

虞極爲衝要不得他縣之協濟而反協濟他縣此
所以財盡民貧而逃亡相踵也
徐待聘曰思深哉蒲州陳公之驛議也惜無陳之
當道者以溥仁人之利然其意止及協濟云耳若
驛之受困又有自己明越浙縉紳之藪也娥江往
來無虛日有用站河舡多至數十隻者稍不快意
鞭撻隨之而承令又有折乾之弊前者方過後者
又續該驛夫計[illegible]所出惟有典衣鬻子轉展僱舡
支應求幾須史[illegible]之死而已何辜今之人而荼毒至

此極乎每于歲終更役哀哀控免者靡不頭搶地而口呼天余甚憐之嘗稍爲之稽覈則蜚語四起謂明越例固然耳安事吳儂紛更爲嗟嗟驛以待皇華之客非以婚士夫也卽使士夫之體當全而民力民財不當念乎聊識以須不畏强禦者

補按陳公綰所搤腕者各縣之協濟徐公待聘所憫則者士夫之給差明朝優禮士紳與職官等例得乘傳往來悍僕叱咤驛夫哀號誠爲酸鼻業於崇禎初載槩行禁革獨協濟一項各縣猶可言也虞

人代姚人之役不可言也山會之舡至曹娥而虞受代嘗巳若下壩爲餘姚所轄應於姚驛支頓乃往來宰官兵馬旣憚更舟而姚亦無一夫隻艇相接虞舟迢遞至車廐而始回往返旬日何姚人獨享其逸而虞人偏受其勞李代桃僵大不平也崇禎年間翰林丁公進具疏爭之下其議所司彼此推御竟無有直其事者良可悼嘆

清朝興革緊始驛遞一事壩蠹眈爲奇利婪飽乾没順治三年山寇縱横官兵調發雲集督圖旁午於

道承舍移文絡繹不止驛蠹遂居中鈎奇勒議里
遞幇貼奸吏猾胥與相上下令長漫不可否議每
畝貼費至再歲而加三歲而倍加有增無損家愁
戶哭計虞常賦每畝不滿一錢二分而貼驛反三
錢五分里長少遲晷刻即督促自辦各里遞與驛
壩窵遠情實不諳壩蠹故匿牛車藏舡艘嗾悍兵
驕舍百計麕索榜箠交至里長不勝困辱不得不
拱手而受之壩蠹倍輸其直中家之產一供里役
立為摧破可謂痛哭流涕者此也按全書所載驛

遞人夫舡馬額有常數給發有時里長止供催科不與驛事通邑怨憤莫敢誰何濟原任靈川知縣成惟悌于康熙　管民思剗其弊遂將梁湖蠹棍控牒五載奸贓狠藉根株蔓延去督院趙公諱廷臣者軫念虞民湯火嚮行懲禁勒石垂遠自此稍得息肩未幾會署篆新視事蠹乘問復萌惟悌以除弊務盡仍控　潘伯袁公批下所司鐫石永禁安堵如舊虞民家破人離淪胥十

載使非成惟慘悲憫桑梓塗炭忠誠激切力催奸
宪趙公廓燃犀之照霍然霆擊鋤刈之則虞民
之罹其荼毒未知所稅駕矣猶恐歲久法弛所望
後賢爲民永終如始俾奸蠹勿復萌也今將
部撫批允司道府縣申詳載永禁碑記具後
奉
督撫司道府廳縣批語　江西道孫　一本嚴禁私
派等事我
皇上因星象示異諭部院諸臣各抒所見以備採擇

即古盛王咨儆求治之心不是過也臣敢不抒一
得以盡愚悃乎夫治莫先於恤民恤民莫先於輕
賦輕賦莫先於禁州縣之私派如臣同官鄭　科
參江都縣蠹役王耀華等額外加派銀一萬七千
四百餘兩現經部覆察擬一處如此他處可知似
此私派成風若不嚴加禁止民生何由得遂伏乞
勅下各省督撫責成府道嚴加察訪如有不肖州縣
假借公務名色額外私派者府道即揭報督撫督
撫即行糾參治以重罪臣猶有慮者府道與州縣

其事日久誰肯大彂情面並爲揭報臣愚以爲額
外私派當立訐告之法如府道徇隱不行揭報許
里長甲頭控告督撫督撫即據題叅即併治府道
以徇隱之罪如此則私派永杜于此恤民生而荅
天心亦今日之急務也如果臣言可採伏乞
睿鑒勅部議覆施行奉
旨該部議奏
一順治九年奉前任　巡撫蕭　題准自九年爲
始其各縣有私派里遞部貼夫驛銀兩盡行革除
有朦朧容隱或告發或訪聞立時飛叅拿寃在案
一踢棍周體等目扮上虞縣九都十都里長耕

通官壼私加私派前任張知縣詳　按院杜
蒙批上虞夫役原係額徵錢糧僱夫一百四十八
名應差查全書甚明額銀何用以致私派里甲憑
憑夫壼通同橫索屢經告發批究未結今見奉
頒行嚴禁私派乃借題混稱里長自願領銀承值
夫窮民僻遠豈甘逐日在城應差其誰信之無非
借此一詳派夫各里滋擾追呼無所不至矣經承
欺詐婪下法紀守紹道嚴提車夫併玩法經承究
罪報　一康熙二年六月十五日上虞縣里遞成
交于　撫院朱　批應付夫差自有額設錢糧
責成官僱豈得妄派里甲值月致累小民仰道嚴
行該縣募夫頭承值不許加派里甲如違參處其
額設紅船等銀歸之何處該道確查各年額徵數
目逐款究審一併解審　一康熙二年九月十四
日朱大鵬等四十九名赴　撫院朱　蒙批發
守道轉送府廳會審備牌仰府官吏照牌詞內各
犯到官會同紹刑官秉公確訊夫甲既有額設因
何妄派里甲多出民間數萬私妄私派幫銀叁錢

伍分係何年加派何人倡議未何　院批允又私設鹽米貨房等項累百盈千是何奸棍分肥其額設銀兩歷年縣官作何開銷該縣備造歷年支應夫馬數目文冊限日內連人解道以憑覆審連人解院定奪　一康熙二年十一月內廿一都里長戚友于等具告紹守蕪道詳前撫院朱　蒙批書役驛站有額設官銀豈得濫派里甲致滋苦累如詳勒石永禁不許擅派里遞如再故違一有告發飭將官役參拿仍令驛官領銀官僱夫船應差繳　一康熙三年三月十六日廿一都里長戚友于等　一爲憲天愛民殊深事　部院轉發紹守蕪道會同府廳會審具詳　部院　蒙批既經審明如詳勒石餘犯如詳發落繳　紹興府上虞縣知縣鄭　爲憲天愛民殊深蠹棍欺天更巧私歛屠民等事又爲捏款神奸已著等事二詞于康熙三年三月十七日奉　總督部院趙　巡撫部院朱批上虞縣二十一都里長戚友于郎陳性悌批行紹守道府廳會審奉批拘集各犯審得連歲加增

協邦之銀倍于正課里遞剝膚之痛匪朝伊夕矣戒惟悌者乃本縣二十一都二啚之里長也去年輪值現年親身承值赴縣應差惟悌欲照差撥給工食諸寧周體等欲照舊得銀言語低昂釁端遂起以致惟悌具呈該縣寧等揑款上控當蒙 憲臺親訊結案訖今惟悌之屢控不休者以巳田值爲不耕居色役之名見私派巳久欲剔除通縣之弊耳查協驛之舉按畝加派每年計銀實盈千百諸寧等或藉此值驛之勞而勒索里遞之銀以肥巳事誠有之但從前應差之數目不能確指則所得之銀亦難指人巳之贓矣今蒙 憲臺設立循環稽查應付驛困少避即有勘合火牌過往額設宫銀可以支應有餘況私加私派之弊巳蒙 撫憲革除該驛立石永禁矣相應再請 憲臺嚴批永禁則虞民之受 憲恩非淺鮮也等語訟經五載事大贓多恐滋蔓累止以協驛請詳禁革內云審得覇棍藉爲常例私派之銀倍于正供里遞剝膚非朝伊夕相應再請 憲臺嚴批永禁等因詳

奉總督部院趙批既經該道審明如詳禁革
繳又蒙紹興府理刑廳張爲憲天愛民殊深
蒙寧蒙分守道王憲牌奉總督部院趙批既
批道呈詳上虞里長成惟悌訐告等緣由奉批既
經該道審明如詳禁革餘如詳發落繳奉此合行
知照爲此仰廳即便遵照憲批發落至于協驛一
事嚴行該縣不許私加田畝妄派里遞勒石永禁
取俾檄報查施行等因奉行下縣又爲無
責無憲私派私加大弊大害眞罪眞贓事康熙三年
月奉總督部院趙批本縣里長成惟悌呈
詞呈稱伏覩縣驛賦役列載全書人夫有工食舡
馬有官價至于百姓充里長不過催辦錢糧承值
軍需况逢憲天節鉞兩浙氷霜萬里豈容官蠹
作弊蠹棍婪贓納糧之外復派貼費值役之外復
押值驛切念上虞地瘠民貧差繁役重七十五縣
此爲第一開國以來遊魂未靖大兵進勦各憲
經臨芻草馬料鋪設支應項不盡稽苦難罄述詎
更曹娥一驛貽害萬姓驛坐梁湖十都地方額設

車夫每年工食一百三十三兩餘姚縣貼車夫銀
四百兩𤄊夫一百四十八名按時給發工食並不
干涉里遞豈遭𤄊棍王洪等或恃聯衿樹幟或恃
締宦屏威仗倆通天攫求剝地窺乘順治三年間
兵馬絡繹日騰縣宫衿棍騙言暫議現役田畝帮
貼驛遞每畝六分權濟一時原非　上行不爲定
例詎惡居斯上食斯民五年間捏構訪蠹紋犯朱
祥等無議倡議無例設例坐受月規簧譜縣宫悉
聽朱祥等議案亦弁藐
國憲月更一議歲換一策倏加一錢再加三錢六
分倍加三錢五分歲撥見役田三萬九千七百八
十私每年約計贓銀一萬四千私徵私收半貼縣
半貼驛稍有抗違即押自值每名里長輪流值日
車夫每日勒銀二兩五錢岸夫每日勒銀二兩五
錢公文塘報館夫驛書舖兵等六項每日共勒銀
三兩一錢少若遲延拉黨戮辱詐至五兩十兩不
等閤里陳晉趙貞等奔告各憲案炳未結又于九
月初八日通縣連名里遞士民趙貞朱大朋等嘅

告　撫院嚴勅紹廉守道究審在案未結復歛積
棍王無瑕等黨結壞法廳蠧縣蠧業專窩訪造訪
糾合各家團成一窩該舡該車該牛侵工食勒帮
錢驛夫壩夫船夫一人三兼甚至官吃工食私車
客貨每舡一隻要銀三錢米一袋要銀一分七厘
草穀竹木土產數不勝計缸砂牛骨細物稅益高
貴即使商鹽過壩勒銀四分一引有此重利復歛
貧里如遇粮料等項反轉匿車藏牛棄遁朱大朋
王萬春等私加私派無
旨無憲值縣值驛有贓有証念年流害萬姓遭殃男
婦喧騰童叟切齒貞正東南之大弊浙紹之大害
憲爺不除民命難存伏叩　大老爺嚴勅拿問繕
疏
題華勒珉垂禁千秋萬古頂德沾恩等因奉　總督
部院趙　巡撫部院朱　批道行縣嚴禁私派勒
石永禁繳數年來漸得安靖康熙八年至九年乘
許縣卸事交代權蠧顏斌串通壩棍漸復朦溷私
派隨于九年五月初十日里遞成友于復將前事

呈稱私派業奉
新旨嚴禁今值總督部院（劉）　巡撫部院（范）　剔
弊愛民兩浙蒙恩獨上虞蠹棍一項巧立名色違
旨臧　憲叩賜查究通詳嚴禁等因呈布政司
（袁）　批府嚴審永禁隨有通縣紳衿陳大材等復
公以訪蠹臧　憲復行私派等事呈本府蒙批縣
勒石永禁等因到縣據此看得驛蠹團聚梁湖紮
黨蝕邑嚼里胥破官銀肥抽各稅私加私派大干
法紀殊可痛恨疊奉
憲批勒石永禁

（補）虞邑設有坊都十里以附城而名也舊例坊長止
供朔望行香晝卯作揖催辦正課外無所與邑侯
每加優禮焉近年以來胥吏舞文陋規百出濫派
坊長并及里遞如遇上司經臨動借鋪設爲名及

逢新官[illegible]盡發申飭
民不堪命者久之今[illegible]
邑凋殘涸悉值坊廂弊于康熙十年十[illegible]
憲悉行禁革凡上司經臨與衙署什件俱出清俸
着禮工兵三房備辦並不取坊里一毫一絲永以
爲例闔坊士民唐勲鴻錢功嶅等懽呼載道誦德
勒石以誌不朽
金罍驛在縣東等慈寺西宋慶元丙令施公廣求改旌麾亭爲之廢久
漁湖驛在縣西南五十里廢久

百官驛在百官市南明朝建隨華今爲梁湖巡檢司

陰陽學在縣南一百步即稅課局故址嘉靖乙未令張公光祖拓侵地改建今廢僅存空地

惠民藥局在縣前西偏今改爲社學即古小學

僧會司在等慈寺

道會司在明德觀方丈

養濟院在西南門外

[illegible]

[illegible]

訛理訟有不平者乃上于官今多廢僅存基址而

已

一都坐渣湖　　二都坐湖頂

三都坐小越　　四都坐横山

五都坐黄家堰　　六都坐思湖

七都坐潭頭　　八都坐港口

九都坐高城　　十都坐後郭

十一都坐花浦　　十二都坐馮家浦

十三都坐鄭村　　十四都坐彎頭

十五都坐石塘　　十六都坐小陣廟

十七都坐呂村　　十八都坐聖官廟

十九都坐生畈　　二十都坐夏湖溪

二十一都坐西溪　　二十二都坐九枝樟

二十三都坐横路　　鎮都坐五夫街

慶縣志　卷之　十四

祠祀　壇壝　廟祠

鬼神幽渺禮有崇報祝嘏屛營凡以神明之也越俗尙巫尊鬼惑聽者多乃若在祀典而法當嚴事者詎可胥越視乎志祠祀

祀莫重壇壝虞縣治西門外爲社稷壇以祀后土后稷之神基廣二畝餘環墻爲壇舊有齋宿宰牲等房今皆傾圮西南門外里許爲山川壇以祀風雲雷雨山川城隍之神基廣二畝餘環墻爲壇其齋宿宰牲等房與社稷壇同今亦傾圮兩壇各春秋二祭北門外一里爲邑厲壇以祭無祀鬼神奉城隍主

之其廣二畝環墻爲壇舊有宰牲房亦廢清明節七月望十月朔行三祭其里社壇鄉厲壇制每一里一百戶立壇一所洪武乙卯建今皆廢至於廟祠之在城者縣治東爲城隍廟剏自後漢其址係史壽總所捨宋寶中莊濱等歛銀再剏東有廳事元陳椿應順等改爲觀音堂後鍾愷王福相繼修治而壽總後裔得仁又益地重建陳文禺應筠葉文珪以次興舉其山門後殿皆前令命僧勸施以增造云至萬曆十二年令朱公維藩重修二十二年楊公爲棟來令

見廟宇將圮且湫隘不足奉威嚴將更新之非得僧不可命耆民錢瑞錢正等擇能幹不私者主之隨舉國慶寺僧法印住持可其請方欲經始而令以遷去不果二十五年令胡公思伸首捐俸仍命其僧募施主其事改修正殿暨神座增置軒廊復拓地構寢殿自廟門及內宇罔不新飭巍煥然稱偉觀矣而士民之往來瞻仰者皆起敬起肅毋敢作慝思伸爲記曰 奠定海宇即令天下邑令崇奉城隍神以神主幽令主明民情或玩于昭昭至幽不可測則兢兢祗畏不敢肆是神固贊令所未周者也虞有城隍廟剏于漢廢于

唐復于宋迺廢迺典朱詳所自今廟在邑之東與
治署隣若曰邑主者旣以鄕爲明而治神則尸其柄
於冥漠中儼然而通肸蠁焉凡福善罰淫報不爽
銖寸威靈稱赫矣先是嘉靖甲寅間島倭爲釁三
犯我郛而無能加一矢保障之功偉哉歲久患圮
又湫隘不稱瞻仰余是萬曆丙申初蒞治誓神謁
而心計曰惟祀之宫謁無虛晷弗廓弗增弗嚴以
邃卽享祀豐潔神其據我乎乃命筦人捐五斗以
勑始且進二三耆老相度機宜而邑之縉紳士民
罔不兢勸蚨緡更相率作拓地聚材葺而新之穹
然莊嚴且也歲比用穰士騈以薦市售乃積里無
暴呼伊誰之賜乎惟是驅厲福民實藉神力匪靈
安妥曷以臻焉廟視故址加廣周闊通一百丈闢
公館衍地九尺斥置民地三丈前爲正堂者五間
爲楹者九間後爲寢宫九間旁爲廊者各五間門
有井幹衢有綽楔欄楯外施庖湢内則刻旁蕪又
具冥道變相丹臒奪甚庸民入而觀焉廓然中目
爲之改觀而肅焉加額以頌于除若有黯黨而臨

之流顙栗瘠而燭照其生素惴惴乎無所匿情者
歲戊戌旱魃爲灾徧請勿應余率民譽乞靈于神
隨禱隨澍歲乃大穫辛丑屬大會圖籍余欲釐宿
獘儆而矢之事竟有濟即兩造間有未白者令詛
于神往往望門而止即吐實不敢諱壬寅夏余臥
榻病戢于火詰朝見一草團成灰旁蹤狼藉了無
延灼若神之隱遏之也且署內羣聚棲息處倏而
棟摧牀物盡成虀粉而家人偶出即雞犬亦寧又
若有驅之而全獲之也豈神鑒余衷而密呵護
之乎廸則吉逆則凶感應之機捷如桴鼓余與若
等盍圖仰荅神明滌心聊事宜無斁矣是役也工
始萬曆二十七年五月二十七日訖二十九年五
月十五日而落資費統計五百五十緡具書于祀
石以詔後來俾無廢墜三十一年十月孟冬立
典之外復有有功而廟食者或里社依爲土穀者
如城隍廟西爲羅公祠嘉靖甲申邑人陳洙撰記

嘗聞立德立功可垂之不朽而勤事勤民皆得
日以食報昔河東柳子厚官柳州卒于柳死之日
降于州之堂其屬歐陽翼輩合柳人之意而祠之
羅池之上吾越節推羅公丁巳春視篆于虞至八
月卒于虞今庚申冬其僚璩濱張公縣令喻齋李
公亦合虞人之意而祀之夫亦柳人之祀柳子者
乎時虞當島倭倡亂兵革旁午徵料煩急百姓嗷
嗷無復更生比公下車以精明貞肅之心爲易直
子諒之政推膚剥髓公能緩其征煩賦重役公能
節其力驕將悍卒公能消其氣黠吏暴胥公能回
其習一意與民休息猶之膏火之後沾以湛露也
雖聽政數月而民之德公者不啻積月而累歲矣
既畀疾尤切早夜視民疾苦真若痌瘝乃身不能
一息廁于其心不三四日賫志以没遠近慟哭相
向失聲夫公以善政布于虞虞忍忘公而不思建
祠以報耶柳子卒于柳而降于柳之堂其生之精
神在于柳而不化之今公之精神盡在虞矣雖不
蝎其祠而降于堂□皂蓋雲裘之狀虞人恍然如

有祠焉于是有像立祠于城隍廟之右並尊其新與城隍並也公諱（尚德字希容）嘉靖丙辰進士山汾人□臨東爲文昌閣郎公館故址縣令（徐公待聘）新建又東等慈寺左爲鄭公祠嘉靖壬戌邑人（朱袞）記畧曰吾虞壁封自古令長以遺愛係民之思稱循良者代不絕書得合祀學宮若專祠享報自唐崔侯于茲再見鄭侯焉（鄭侯名芸字士馨）起家乙未進士始蒞守俊髦三峯山人領麾是郡實作育而振之詎知令松陽而以優望調虞也時則戊戌之秋首謁山人讀曰芸也幸獲承識師帥之鄉率業遠曠有藉矣山人覺然喜曰舉廢興以奠黎庶江海之陬莫要于城虞城起自唐長慶拓于元末僞命方氏石制頗壯迨明御世經畧使視臨山御倭孔棘權徙石以城廼一廢至茲非心誠衛民曷任猷聞當道咸曰宜遂經廢餝材鳩工程績外內高深積廢頓起視舊制加雉形勢一日稱險固焉乎世莽與是役能無訾

議執矧剛十越歲而島倭四侵白骨盈野吾城士女藉是安堵咸喧嘻歸德處始亭成之異情信夫其諸猷一根處襟周諮民罔弗宜其以虛亭自號匪誣也尋召爲御史去矣能忘厥恩及聞不諱思奚能忘厥哀謂非古之遺愛與邪人自德其澤僉謀祠以存像當道聽之喻齋李侯卜坊左浮屠隙地營立焉爲堂寢翼如匾其門垣周以周望者怳得生面公四十九誕有奇入備春秋二享今其祠圮移像于西倉以祀復廢

縣治西爲關王廟元至元年間居民鄧鎮建置於應氏所捨地額曰義勇武安王廟至正間邑人陳懋晉元禮等相與募緣重修明嘉靖隆慶二次經火居民復重建正殿兩廊前廟門三間照墻一座後有拓地爲觀音閣城中自昔有三

皇廟在縣治東廳之南元泰定縣令孫公文燉命醫視卜錢輸明洪武初裁革立題

靈官廟在縣治東與位坊今遺址屬等慈寺東嶽廟在縣治南金罍山元妙觀西

昭烈王廟在縣治西關王廟側今皆廢其自東城外者洞之南去縣里許有孟公祠前漢合浦太守孟公嘗祠久頹廢令胡公思伸贍諧措之特爲修葺扁曰感雨還珠直東一里有順聖龍王廟建之以禦水旱後毁爲水果精舍今改東嶽廟過舊通明堰里許轉南有新安祠縣令胡公思伸建新安關立祠于關東以祀大禹事詳關記中再東北十里許有駱將軍廟在方家屋側横涇廟又南至黄竹嶺有蕭將軍廟世傳將軍諱闓秦人與其弟闕轆王鄞領兵至越及虞而鄞溺于海將軍乃植金鞭于地而自

誓曰化爲黄竹吾當血食玆土以福斯民已而果生黄竹大十圍長九十八丈因以名嶺鄉民共營廟以祀之香火不絶矣太元二年令濮陽公典立石爲記河之北去縣里許過東黄浦橋有文昌祠祠後有奎文塔令[朱公維藩]建由東稍北有東赤石夫人廟相傳縣後山山腰有石如緋衣女子鄉人異之爲立祠有禱輒應稱夫人分祀于東曰赤石夫人廟自此直東去七里許有梁王廟世傳爲祀蕭武帝廟東傍爲桑二將軍廟禱亦多應歲時祈報郊迎不半里至新通明壩東望橋北有武安王廟自東向北爲羅巖山麓有石窟廟奉桑神神嘗助宋兵有功封郡王明朝張秋河決嘗顯陰靈助築至今客江湖者遇險難呼號求救輒護持有祈禱其應若響春秋郊迎在昔殊盛山

之陽有雨山大王廟舊名後墩以禱雨有應改曰雨山山之上有桑太保祠近有新刱天妃宮去縣二十里查湖舖有九里廟則東界止矣其自西城外者有三賢祠在西倉內移鄭侯像祀之而朱侯楊侯祠附焉今廢去縣六里許有崔公祠嘉靖四十年紹興府通判林公御成署篆重修自爲記畧曰西有崔公祠余嘗登拜祠宇荒頹不除風雨而殘碑遺志亦幾湮滅問之里人咸曰有功茲土特祠祀之莫能詳其顚末蓋在唐時去今幾千年故老遺黎亦皆代謝余重有感焉是秋以署篆來再拜公祠乃得詳稽故實公姓崔諱協傳陵人唐大中時以戶曹爲邑令適歲旱無收征輸莫辦乃捐俸代輸至罄其家積邑人深德之置祠于莫氏地號莫家祠祠前有樟九株名九

株樟後宇廢木茂里人擬古井棠昇香火于樹下奉如祠後嘉靖己亥後營搆迄今又越二十餘禩矣榱盡萎而廟貌僅存春秋歲祀他祠皆有而公獨遺將如公功德遺民者何固有司事也擇日量工門庭楹廡悉更經營祠宇既備東西搆屋數間爲道人薪水之資復買置祭田以供祀事而蠲其稅所置祭田在皂隸湖計六畝九分道人歲收以供祀云　萬曆十三年令朱公維藩復葺新之亦自爲記曰萬曆壬午余被命出宰上虞入其郊見道旁有祠風雨不蔽心竊怪焉他日又過祠下拜瞻遺像拭觀碑詞乃知爲前令崔公協焉公令于唐之大中元年當是時歲頻不入國賦爲艱公不忍至傾家貲爲民貸輸民感德而祀之嗟乎公不負民民亦何負于公哉嘗與水旱之灾何代無之顧有司者消弭無術至厪朝廷下詔旨蠲免甚者遣使賑恤然而公家之征終不能以盡貸則爲之通融補葺于以救民于死亡斯稱不負令矣求其傾

家貲爲民貸輸如公者未之見也彼不以一家爲急而以十萬家爲急不以民視其民而以子視其民賢哉公也眞能爲人所難爲矣宜乎其祠而祀之也嘗攷公起于憲宗之朝與李德裕令狐綯向敏中同遊當其勳業烜赫氣焰薰灼度越公不啻百倍今也與草木同腐耳視公之祠巋然獨存漻于火不滅飄零于風雨不亡一典于巳亥再典于辛酉歲時伏臘燈火輝煌宛然如大中之日非公之眞誠實惠深入于人心豈能世世守之而不變若是歟余也嗣爲令愧謭薄無能爲民利益每謁公祠輒爲內省今且越一考于兹得沾恩典又得與斯民優游於公之祠下厚幸已詎非公之蔭澤也夫度時計費爲公修葺祠宇旁爲官舍以便芟止門外爲石埠以便登臨宇下植松栢使他日撫斯樹者知爲公之甘棠也工竣迺率僚友稱觴告公且載述始末勒石以紀歲月

直西二十里有總管廟地名蔡山再里許郡侯朱公祠郡守漢

陽張公記曰歲康熙戊申余受

命爲越郡守於今三載矣方考鏡典古檄修郡邑志凡前賢芳躅有未闡揚者亟與蒐羅登諸記載乃虞邑諸生謂明萬曆間越郡守錦波先生朱公舊有祠今求記曰虞邑西二十里許皂李湖始自唐貞觀初居民資灌溉疆界不混雖强有力不能奪涓滴爲拒此汪彼之謀其舊志然也無何萬曆間有徐令者俾葛曉脩邑志曉改古志篡入僞說冀以水利分於隣境而令亦許可弗駁踰年邑志成

竟有踰界以引溉者持僞說爲左劵矣湖民聞而

大譁向朱公號冤殆以千萬計公同别駕葉公詣

皂李湖度其高下廣狹勘悉甚明因指示葉公曰

盆盎水耳溉此方田猶不足而可他溉乎亟命斥

僞說仍舊志遂勒石湖濱衆心帖然俄而公以課

最陞陜西糧憲去民思其德爲建祠肖公像歲修

春秋二祀無敢懈益直道若斯其永也余今有郡

志之修方蒐軼事片善必錄况盛德在民如朱公

何可不爲之記因思居民上者代有其人矣或任

赫赫名而去則已焉或一時聲稱遍閭閻而久則艾焉無他德之及民者未深而民之感德者未至也若錦波先生公而能明案勘間不爲僞詭所撓至今環湖之民服先疇畎畝芾替卓哉先生德在數十年之前未嘗責報于數十年之後而享祀加虔若此事固有本非倖邀也昔漢朱邑屬其子曰我故爲桐鄉尹知愛民後世子孫奉嘗我不如桐鄉民未幾果爲立祠歲時祀之今先生之祠於虞無異桐鄉豈俾卿之苗裔耶不然何其殊世而同

揆也聞先生涖越德政遍八邑及于虞者其一焉
耳起而祀之高山景行是足以訓矣先生諱芹號
錦波蜀之富順人萬曆己丑進士累陞貴州左布
政司使萬曆三十六年建祠于虞河孔道旁顏曰
郡侯朱公祠祠西築庵曰永澤外逼通衢住僧守
祠洒掃奉香火凡上官過客多憩息于斯瞻遺像
起敬慕云

郡侯張公皂李湖生祠碑記并銘

國家軫念羣黎生息休養利不百者不興害不百者

不去其在艮二千石乎紹興爲浙東上郡上田之
肥瘠高下因地制宜法行及遠巳酉春漢陽張公
來守是邦不朞月而報政今且歷三載矣歲旱予
奉上官檄按視災眚行縣入虞虞之人遮道而前
曰張公生我請頌言其一節衆著于茲土而徼福
于無窮者虞之西故有皂李湖唐時居民割田成
之戒旱潦便蓄洩其旁有田萬頃實利賴焉明季
有葛曉者因修邑志刱爲七說奪湖汪淵啓豪右
盜決之漸其害莫大前郡侯朱公諱芹躬勘得實

請於制撫刻石禁止湖民德之建祠享祀而僞志既成災未遂久今會我張公治郡百廢具舉念郡乘之缺失百有餘季乃修而更新之而吾虞縣志亦得畋纂僞說之害政者既經刻削復請憲勒禁一如朱公故事而皂李湖得不廢吾儕被澤於公罔知報稱相與肖公之貌與朱公同祠合祀俾世世子孫無忘明賜敢請于執事願一言以志不朽虞民之情如此而文學士張子俊徐子甫浩等請之尤力噫公真所謂艮一千石者哉何功德入人

之深也予不文既樂道公之盛美而喜虞之人能樂善而報本也謹撮其言以爲之記而系之以銘

銘曰　湖水洋洋惟公之光湖民嘖嘖惟公之澤公諱三畏號禹木漢陽家世清河族茲石不磨萬古讀　時

康熙十年辛亥孟冬既望紹興府同知虞山孫魯頓首拜撰

再十里至梁湖鎮有虞舜行宮陳總督廟凡巡虞者入境必宰牲致祭　自此向北過龍山十里有舜帝廟鄉民崇奉歲時

舊俱兵元宵燈火殊盛宋陸游詩雲斷蒼梧竟不歸九疑古廟鏁朱扉山川不爲興亡改風月應勞感慨非孤桃有時鶯喚夢叙風無賴客添衣千年回首消磨盡輸與瀛州送落暉宋林景熙詩老薰絃萬經幽三千年事水空流衮衣剝落星辰古野廟淒涼鹿豕遊孝友風微惟舊井神明冑冷會荒坵九疑回首孤雲遠老眼斑斑盼楚舟

自梁湖鎮五里出江口舊曹娥驛旁居民復建武安王祠渡曹娥江西瀆爲曹娥祠初在上虞江東漢縣長度尚立石名貞孝令邯鄲淳作文誄之後以風潮齧壞移置江西會稽界記曰　孝女曹娥者上虞曹盱之女也其先與周同祖末胄荒落爰茲適居盱能撫節按歌婆娑樂神以漢安二年五月時迎伍君逆濤而上爲水所淹不得其屍時娥年十四號慕思盱哀吟

澤畔旬有七日遂投江死經五日反抱父屍出鄉
人驚異收其屍瘞之江邊自漢安迄元嘉元年青
龍在辛卯莫之有表度尚設祭誄之嗣曰伊惟孝
女曄曄之姿偏其反而令色孔儀窈窕淑女巧笑
倩兮宜其家室在洽之陽大禮未施嗟喪慈父彼
蒼伊何無父孰怙訴神告哀赴江永號視死如歸
是以眇然輕絕投入沙泥翩翩孝女載沉載浮或
泊洲嶼或在中流或趨湍瀨或逐波濤千夫失聲
痛悼萬餘觀者塡道雲集路衢流淚掩涕驚動國
都是以哀姜哭市杞崩城隅或有刻面引鏡剺耳
用刀坐臺待水抱樹而燒於戲孝女德茂此儔何
者大國防禮自修豈況庶賤露屋草茅不扶自直
不鏤而雕越梁過宋比之有殊哀此貞厲千載不
渝又詞曰銘勒金石質之乾坤歲久曆祀立廟起
墳光于后土顯昭夫人生賤死貴利之義門何悵
花落雕容早分葩艷窈窕永世配神若堯二女爲
湘夫人時效彷彿以昭後昆邯鄲淳作漢議郎蔡
邕聞之來觀夜闇手模其文曰黃絹幼婦外孫虀

白又曰三百年後碑當墮江中當墮不墮逢王回治平二年八月十五日記宋天聖中避諱直曰曹娥云大觀四年封靈孝夫人政和五年麗人來貢借潮而應加封昭順淳祐五年復加封淳懿且封其父和應侯母慶善夫人墓在廟傍其上雙檜甚古其前有亭扁曰雙檜後毁于風嘉定中郡守汪綱建亭於舊址疊石祠前爲堤七十丈其後祠亦浸毁至元二年廉訪使其捐俸以倡紹興路總管散朝公親至其處相址計工稽度既備捐俸若干使會稽尹呂侯誠董之爲祠九楹漆

飭塗塈丹堊炳煥廟貌顯嚴觀者竦敬嗣後有朱娥者上虞朱囘女也母亡養于祖母祖母與里中人鬭娥趍救之得免而娥被傷數十絕阬而死熙寧十年會稽令董楷以配食曹娥至是亦嚴其像奉于祠左安陽韓性撰重修祠記曰禮有功烈于民則祭之其祭也有祈焉有報焉有由辟焉曹娥廟食于越蓋兼之矣娥生上虞其父迎神而溺娥沿江哀號求其屍不得自投江死越五日抱父屍而浮僕安之二年也後九年縣長度尚改葬江之西南立廟道傍事具漢史及邯鄲淳所爲碑文嗟夫殺身成仁烈丈夫之事而學士大夫之所講也變彼獨貫家世不儒而孝出于至性方其領寃自沉知者哀而不知有其身知有義之當死而不知生之可欲鮮

瀆鮮淡若精錢席誠貫金石孝通神明乃能致茲
之屍喪者不特使為人子者聞風興景效孝成風
舉申倫紀所謂有功烈于民者非耶江南浙東
通句章北入于海驚濤出雲雷鼉鼓舞兩涯所衆
涉衍流駛而娥之廟適當其衝若俯而窺若坐而
鎮若執符節而整齊行伍隄防固完風災戢息附
岸居民恃神為司命自廟之立借潮滚江不可勝
數是以行旅之渡江者莫不拜廟下以祈神佑孝
娥推愛父之仁惠及後世功烈如此何其盛哉國
家設司府句章以統東浙使命相屬于道舟楫往
還無風濤之虞實神職其相非惟功烈及于民亦
有功于國矣廟食茲土享民之祭宜其編曆歲年
而不替也顧其祠廟歲久蔽壞元統二年郡太守
禿堅董公下車按圖志祠廟之最古者惟禹廟及
娥祠欲新之首與禹祠之役至元二年廣訪副使
其公按事過祠下作而言曰國家以孝理天下曹
娥之孝孝于千古而靈蹟又赫赫若是新其棟宇
崇典禮敦教化風示任他相倖以倡其從事某亦

捐俸以助時禹廟工畢太守得專力娥祠規往相度撤舊新之大合樂用牲于祠訖事俾進記其成性既著其事於麗牲之石復作送迎之歌其詞曰承荃橈兮桂舟弭靈旗兮中流望四山兮何所挾朝陽兮上游玉笄兮璚佩馭青虬兮雲之外采杜若兮江皋芳菲菲兮未沬潭不極兮海門餞夕景兮江濆吹參差兮鼉舞駢玉駝兮繽紛雷塡塡兮拊鼓檜陰陰兮靈雨波淼淼兮安流樂神康兮終吉

歲久漸圮萬曆十三年令朱公維藩復修自紀其事曰余以萬曆壬午春補上虞過孝女祠拜謁見其祠宇傾圮垣牆亦繕惻然傷之是秋祇役棘圍久入覲未果癸未夏復渡江再謁因內生媿有司之職謂何遂以孝女忌辰齋沐告虔焉衆而舉事得耆民項德熙等爰托之大加修葺起歲甲申厥功甫就垣宇完好丹青炳耀蓋故在荒棘中亟芟除之前易以石後高其墉若拱若護仍于忌辰具牲醴申妥侑焉士民婦女過瞻祠下罔

不試日改觀余復爲之惻然曰茲何足爲孝女重哉女痛父沉號呼靡及彼其覩濤流如地投洪波卽赴身不遑惜奚乞顧念追乎抱屍而出是父是女天實翼之江神河伯若爲效靈女之心志於斯畢矣樹節一時流芳千古廟貌之崇非專爲孝女計也世教人心胥此焉賴漢邯鄲公文莊嚴宏麗古今稱絕彼讀之者謂爲詞之妙好而已何足與言耶余每謁祠下輙摩娑其碑讀其文不置惜其碑非漢舊令人有遐思爾兹工之日爰勒小石以紀歲月云（宋潘閬詩）曹娥廟前秋草平曹娥廟裏秋月明扁舟一宿都無寐近聽江聲似哭聲（唐陸羽詩）月色寒潮入剡溪清猿叫斷綠林西昔人已逐東流去空見年年江草齊（明方孝儒詩）娥以孝爲本江因娥得名至今潮長落猶帶哭爺聲（李東陽詩）死隨枯骨葬江濱報德貞憐女子身千載斷碑空過眼當初亦有姓曹人（嚴光治詩）捐生報父情堪憫入水懷屍事亦奇自信地靈眞有主誰云天道是無知淚月忽驚來海鶴招魂那復薦江蘺

清編共覩如生跡，黄絹還傳不朽辭（徐顯詩）
荒祠寂寂掩穹碑，千載爭傳絶妙辭。不爛不磨貞女孝，天長猶起後人思。大江夢斷波濤險，孤冢寃歸草木悲。客路逢春歸吊古，薦香聊爲折蘅枝（張鉞詩）
雨後澄江一鏡磨，夕陽影裏掛漁簑。漢家多少閨門女，仁孝千年属幼娥（椰南詩）
江流東去復西奔，哭父曹娥尚有寃。身没波濤緣骨肉，名高山嶽動乾坤。杳陰花落孤墳起，碑刻苔深八字昏。耶代只今墜祀典，隔江簫鼓歲時聞

歷數十年，廟宇漸圮。至順治初年，總漕沈公文奎捐貲建修，煥然一新。緣公未遇時，夫人陳氏守節孤苦，訴神示之靈應，其自南城外者廹城下有秦王廟（在巽水庵東），又南三里有曹太祖廟，轉東二里許有朱娥祠。政和四年，新定江公亮

撰記曰朱誠越東上虞人朱回女也幼失怙恃與
于祖母一日里中惡少朱顏與祖母覬覦
苻乃欲殺其祖母娥年十四奮躍號呼冐前抵觸
曰寧殺我祖母賴以脫去娥懼追及挽顏不釋顏
不勝其忿遂起手刃娥數十卒斷其吭氣垂絕假
息猶恐及祖母也獄具祖母猶坐詬詈郡從事虞
公大寧進議曰論法誠宜顧無以慰殺者之志大
寺茹侯嘅從而釋之仍以其事上聞後三月有詔
安諭其家賜帛六束米三斛鄉人義之爲設祠春
秋祭焉於戲壯哉人固有一死而鮮于義有以義
死而鮮克濟悍夫武士平居以氣節自任臨難倉
卒或幸于苟免孝子順孫飽聞忠義之訓安于義
禮之習未聞以身死親于急難之際者娥田廬一
稚女爾非有氣節凛若悍夫武士平昔所自任者
也非有孝義積習之訓若孝子順孫朝夕所講聞
者也一旦覩死若生赴義如歸身悼祖母卒濟其
難於戲非孝義篤于天性勇烈發于真誠疇克是
也從事虞公適當其時乃疏其本末著之石刻故

僕得考其詳而知歲月之攸始實治平三年二月甲子也距今四十九年矣祠宇頹落香火不屬在來咨嗟政和三年冬天子祀事南郊加恩四海神祠廟貌悉俾繕完主簿孫廣佾尉向道原泳相與謀曰朱娥之節近古未聞今祠頹圮非所以敦教化且稱天子修崇之意乃即故居經營相視出帑金鳩工市材曾未淹時一新遺構堂階增崇寢室嚴邃翼以兩廡顔以重扁內外大小凡一十間工告成邑令席相仲彥稷率僚吏具酒脯安奉神像示邑人祀事無窮不可無述以垂厥後乃以文見屬余欣聞盛美敢以不文辭昔曹娥以孝烈著于前今朱娥以節義維于後英姿淑節邈千載一轍豈山川形勝之美所產耶抑風聲氣習其猶有傳耶噫彼君子有勇而不勇于義士見危而不能致命聞其風亦可以少愧矣縣令朱公維藩重修記曰娥僅十齡耳嘗惡少逞兇迫其大母事出叵測娥能呼牽賊衣與其稍緩卒脫大母之難娥不免焉吁娥死不獨烈已娥孤賴母卒以報之孝啓

猶男子身報劉爲從容事茍令後談之劉娥一烈息乃袖席白丞哉今以勘荒行經廟所見其圮廢惻然傷之乃捐俸葺理其配享曹娥者有舊典相沿不廢唐蕭撰娥詩序昔過曹娥廟者論云娥未事人而死漢稱孝女禮也今廟祀乃以夫人謚夫有君子而後爲夫人生而女死而夫人可乎娥之孝不以女薄不以夫人厚也及至吳見海濱有廟祀天妃某夫人者云本閩中處女死爲海神則又嘆曰妃配也天之主宰曰帝天妃者豈帝之配也處女死爲神稱夫人謬矣而又謂之天妃可乎今年來上虞邑人魏士達謂予曰吾邑有朱娥者宋治平三年以十歲女子死大母難當時里人爲立祠邑南記之者郡從事虞大寧也政和三年邑令席彦稷簿孫衍尉向涿重修之記之者新定江公亮也今祠宇碑碣毁于兵火里中長老猶能言其故處往往嗟悼以不得復舊爲恨宋熙寧閒會稽邑令董偕嘗以娥配享曹娥廟蓋二娥俱虞人曹娥廟在江之西地屬會稽朱娥廟既廢不得專祀

而僅享他邑他廟之祔食雖娥之神無閒于此疆彼界娥之孝不以專祠爲重祔食爲輕而吾長老子弟所以悲悼慕向者則爲非專祠于吾境不可且舊廟實作于民官此者未嘗請封請額于上得若曹娥允邑人之憾也吾黨咸追咏其事集詩若干首丐予序之將持此以告有司庶幾有所感動得聞之上而遂其請焉

（明）夏時詩　百樓山前溪路紆我嘗策杖經崎嶇悲風出壑飄衣裾遠聞松篁鳴笙竽山廻水轉林木舒藹然古栢當荒途有娟者娥身姓朱髫年獨與大母居兩身一氣相呴濡不虞寇來入室廬大母受廹號而呼娥身驚惶劇切膚奮然獨往當寇渠殺身成名在斯須邑人稱美驚鄉閭歲時廟食爭來趨碑文殘缺半在趺使我三讀增長吁慈孫孝子何代無吾邦廻與他邦殊前有曹娥哀父盱投江抱屍出蒭魚娥之相去千餘載人生異代心同符往年氣祲連荆吳生民蓋慮兵革驅一聞驚折鳴閭閻男奔女竄填郭郛後厥父母遺舅姑顛危不解相扶持請觀卽是究

嵬金碧輝煌奔走士女而供奉之率無徵應能致
靈者豈神物憑藉山川之秀散則耗聚則靈耳蓋
其山深僻故融結而不露其水澄澈故吐納而不
撓其地雅而靜非有怪異可以洞駭人目故精英
常完而不漓古英雄豪傑潛於深山大谷以養其
眞一出而炳事幾洞先覺而碌碌浮生者昧眩于
貨利聲色馳騖于紫陌紅塵神昏而志耗終其身
于夢中而不覺而余以誠格神神以靈覺我灑然
易慮烱然悟眞是以感而夢夢而徵也余不敢斂
以一第邀靈于神乃洊世之道盡命之矣敬奉以
從事

南至上舍嶺去縣十里有宅山廟舊有庵今毀祀宅山神宅
山者唐太和中鄞令王元暐築堰捍江引宅山水
入小江湖灌溉甚溥民德而祠之奏封善政侯舊
名善政侯祠出寧波府志虞之有此廟也爲萬曆
十九年虎傷人人不敢度嶺建廟患息故崇奉念
虔前後有殿僧房門廡俱備　過嶺下有前楓廟直
春秋祈報郊迎一時頗盛

南至下湖溪有前山聖官廟尊神相傳張姓諱祐明昔爲越將今作稷神勅賜聖官位號倭患寇氛顯威保障屢著靈應全與朝援勦兵駐廟中戰馬夜嘶示知孽寇偷營本境猛虎爲患一朝擒伏廟前威神最稱赫濯焉大官廟在任家溪西上通黑白二龍潭下接曹娥江水兼有長潭居民買田開甽承蔭夏湖明府廟南山大王廟有三所一官山一吳村一石溪竺浩九神廟在牛步傳爲潮神其子姓鄉人祀之蕭帝廟祀梁武帝或云齊高帝白嶺下轉東有疊石山廟青山廟東嶽廟文昌祠關帝祠二祠俱在覃溪徐氏建章郭廟南至塔嶺上有張神廟再南七里許有乾溪廟循塔嶺而東對雙笴石有大廟即通濟廟五代晉漢閒造乾德中令盧公擇以

是圖不愧爾內真狂愚〔謝肅詩〕雅松生澗底已苦受寒姿春鳥出巢去反哺還高枝何况女所棄負此奇至孝自天啟利害焉足移仇家追大母白水正羌羌奮身當亦刺揮手撞仇衣被血死壁視偷恐追殺之母難一以脫遂達朝廷知郡書卹其家鄉里建其祠亦復祔曹女降集清江渭丹青者存來宋史不吾欺至今頹簷在四壁苔蘚滋蘋蘩無莫薦庚士徒嗟咨高山何漠漠溪流亦漣漪霓旌夜月皎樹聲淒以悲疇能復廟祀萬世猶一時〔張鉞詩〕讀書違假山房住山谷幽深頗饒趣碧玉深鳴綠竹稍翠濤飄落青松樹溪泌淬響有觸行石徑無松少人至虎狼遠避花鳥鳴竹戸柴門長不閉

由南向東去縣七里許有仙姑洞其路循溪澗而上層巒複嶂勢若拱揖愈進則山峯崒嵂嶙峋嵯峨若纛若蹲若飛若舞者環列左右直至巖洞口則嶒壁天開瀑布飛雪澎湃而下瀠洄成溪歷四時不竭其間石磴幽崖蒼松白檜種種獻妍恍若洞天之勝

仙靈所都也相傳有仙女乘鸞鶴下此因立祠洞
墟扁曰鳳鳴眞人祠繼扁曰靈惠姑祠今復于祠
上山顛搆屋五間亦奉仙姑其中扁曰天開靈宅
歲旱祈雨輒驗占夢者禱宿祠下有奇驗若中丞
章公純翰林孫公如游其最著者靈響風聞鄰封畢
至矣無慮日云孫如游記曰余萬曆乙亥修業龍
山客有談仙姑洞之勝夢兆先徵者駕舟抵古虞
東門舟人遙指東南秀巒插天諸峯環遶爭雄而
趍是其地也舍棹登岸行數里入谷口蒼翠四封
谿徑欲絕攀緣而渡溪澗兩山旁聳夾拱以出勢
若遊龍既至草庵數間僅妥神像其左爲仙姑洞
志稱昔有仙女乘鳳下其處云雙崖峭立高可二
十丈濶丈餘上覆奇石圓而頎若懸磬竅入石光
玲瓏熒朗飛瀑懸瀉噴沫飄激若風雨下有潭方
丈承之不溢不涸陡深叵測遊覽入暮齋而就榻
恍然示余以夢寤而記之丙子登賢書壬辰薦于
南宮悉與夢符復詣神所徘徊周覽欲尋其記志
而不可得嗟乎顯晦固有數哉古刹名庵棟宇崔

單禱雨即時降吳越錢王封通澤將軍宋熙寧間詔天下神祠靈驗未有爵號者以聞乃封廣利侯建炎間靈跡愈著趙淸獻公嘗爲之記在古城隍祠者乃其行宮又南十里黙山下有淸潭廟自管溪過西五里有石塘廟（前有古松一株李氏等四社奉爲香火禱多感應）庄頭廟盧村廟蜻蜓廟龍潭廟梅湞廟上村廟黃沙廟（今廢）自南而西有石山廟（坐沐憇渡西岸臨江左有官廳三間遞道所有迎送者于此少憇）章家廟（廟祀章猛衛將）其在北城外者有西赤石夫人廟（在燒香衙口令朱公維藩有記）至孝聞嶺有包孝婦廟（嶺以孝婦名事詳烈女傳中）過嶺至楊家溪有橫塘廟（卽利濟侯支廟）五相公廟遺德廟（有二所一在法界院）

前蘭阜山陽一在五夫鎮志又利濟侯廟在縣北二十五里今廢蓋失于稽考不知利濟侯廟即今遺德廟也按慶曆甲申有李宴如得唐人所撰利濟侯廟記云神周氏諱鵬舉字垂天會稽人東晋時登第初宰上虞後守厲門俄而心思退讓志務幽閑念昔在上虞曾遊漁浦湖遂乘白駒泛舟全家没于水自是數示靈響民因立祠奉之號曰仙官廟詳見白馬湖志下初廟在湖塘神頗威肅民甚畏憚血食日盛明州天童僧雲曇以慈力導俾歸正覺自是祭奠惟用蔬茹且願以廟庭爲僧廬鄉人以地勢汪狹非立伽藍之所請禱願遷一日忽大風四起朱紱及香爐皆隨風而去鄉人覘其爐紱所止處聞之于官官爲奏陳建寶梵宇祠堂名爲利濟政和元年兩浙轉運使奏越州上虞白馬湖利濟侯廟祈求感應乞賜爵號九月十七日奉勅賜廟額曰遺德宣和七年八月勅祠云浙部使者奏上虞遺德廟當睦寇猖狂引兵壓境忽素旗出于廟中賊衆駭愕謂官軍已至遂退走赫然

明靈實相天討保完一方朕甚嘉之命賜爵爲威惠侯以顯神之威德俾民報祀祀其無息其歷寇犯境有素旗之異者乃五夫遺德廟也爐緩止處即今蘭阜山去湖不五里就其處建祠仍賜爲佑藍以守之勅神曰利濟祠曰利濟院自是祭祀不得用牲牢宋大中祥符改院爲法界其在五夫鎮者蓋分祀之祠有田七十三畝歲入修治供奉然盛法界寺住持失職廟宇旋壞神靈弗妥元至正甲辰天台王芳尹虞發湖旁田五畝有奇爲租籍于廟以資香爐修造乃委寺僧明德尸之勸有力爲助重新舊志二廟蓋並盛焉

再西向北有半山廟在半山西朱侍中廟在破崗湖北南有學堂橋西有破硯池又一廟在驛亭即漢朱儁樟樹廟在破崗坂

鎮山廟在朱家灘張都衙廟孔長官廟祝聖廟黃山廟在橫山

又直北有夏蓋夫人廟在下蓋山北村[illegible]祀金山氏者背山面海

亦一方之美觀居民歲時賽奉甚盛有六言句謝
讜詩北海秋聲八月秋風惡海泣聲如雷往深渾
慣聽流淪有餘哀又南湖春色春水滿南湖鷁鷁
各成五時有采蘋舟晴載桃花雨又古柏籠雲殿
前有古柏不知幾千載托根何微微雲枝鬱繁翠
又新松偃月青青殿後松恨不高千尺涼夜撫虬
枝枝頭一輪白又窈洞玉龍巖下洞窈窈神龍白
于玉騰雲雨八荒降我無窮福又井泉金鯉靈泓
不不乾其泉井且湜中
有金鯉魚可玩不可食

思湖廟五龍廟槎浦廟祀博
望侯張騫相傳侯從此處乘槎其地曰
槎浦故立廟亦名槎浦廟又名遊仙廟聖顯廟桂
林廟過西北有嵩城廟晉安隆中孫恩爲亂袁嵩築城禦寇邑人感之立祠
祀焉張湖廟西花廟慕風公王廟在慕風寺側其自西南
城外者有古城隍廟迺溧侯行宮祔焉廟前雙柏甚奇相傳自晉建縣時所植

張郎之書扁曰古城隍祠歲久朽壞萬曆間居民樂勁與僧持大爲修葺改拓後殿廂房廟門樹木坊前有空地臨河後殿倚山前植栢數株過南紫竹數十竿與長者山相對殊爲勝覽云

里許伍子胥廟在山川壇前又西南五里許有陶朱公祠在坤山西北小阜上明永樂中重建由南直西至象田嶺下有伏虎將軍廟稍東約七里許有潴湖廟過西二十里許有握登聖母廟在握登山相傳爲舜所生處以祀舜母霸王廟按羽起事在會稽遺跡于本邑亦不經見今載初鄉之西曰項里世傳霸王曾寓此故名織女夫人廟在崑崙山下內史廟在九都鴈埠

按虞之爲祠祀者無慮五六十所而瑣屑者不與

焉其間若社稷等壇城隍等廟與夫賢令節烈等祠所以崇德報功載在祀典者無容議矣間有感聖跡而肇興顯靈應而勑建或里社相沿而叢以爲祠其所由來久且世世崇奉而香火賽禱焉若之何其廢之即與天地並存可也顧義有必不可廢者亦容有可廢者今並記之特不欲泯其名耳若果不經似屬淫祠制勿令私剏廢勿令擅舉就其故址募民佃種亦所謂捐無益以成有益也惟當事者酌之

上虞縣志卷之六終

建置志三　倉厫　郵舖　橋渡　行市　義塚

倉厫

虞地磽而粟入寡富者猶足爲三年之儲然多歲歲以昂其直貧者不辦宿舂艱甚或方刈而就餓常平社倉之法信不可不講也今官之便民預備夫亦其遺意歟是望主者通融而善行之使常無歉于官而恐有裨于民厫公私俱有賴矣志倉厫

便民倉二　一在西門外嘉靖間令李公邦義移置等

慈寺東上虞預備倉邑令楊公文明碑記凡州縣之設必

有預備倉蓋積儲糶谷遇歉發賑爲斯民計也賈誼曰積貯天下之大命孫子曰治國之道以預爲要倉之義不在斯乎上虞預備倉舊在縣西門外頹圮日久耆老霍世恩等呈欲修葺且稱舊倉有大不便者二一曰地坐城外密邇邦嚴守之者寡窺之者衆是倉適以啓盜也一曰瀕孔道倭寇數經焉一旦猝而被之攻其據倉取食必矣是倉適以資寇也故莫若徙之便虞令喻齊李公韙其議上之監司暨部使者僉報曰可爰相城中得等慈寺旁隙地一所週圍凡五十七丈集工鳩材敷于經始須之李公以遷諫議去予適承之重茲修圖懋終厥緒擴爲倉廒二十二間繚之以垣固之以門慎密而免爲侵耗爽塏而免于濕爛經邑之人驩然以爲得新是惟通邑樂於從故費亦取諸通邑是役也肇與申九月二十五日訖癸亥三月二十日或者曰夫興作者所速然而生謗故咸避而

不爲今李公敢于創而我公力于成不亦異乎言曰非然哉夫私家一物取非其所則其心憮然弗寧況于國之所以濟民者而可漫不加意耶吾夫子作春秋凡于魯一臺一囿之築宮室門觀之作必謹而書之重民力也是倉之遷迭豈不煩民力哉使夫子而在亦必特書何也爲民也夫長府宜因則改作爲非是倉宜徙則因仍爲繆要之爲政者惟權其事之所當遷宜焉耳矣若于當爲者避而不爲國奚取于官人此予所以繼李公而執然爲之也或者唯唯而退予遂書以爲記嘉靖四十四年歲在乙丑孟秋之吉

知上虞縣事豫章楊文明撰

一在驛亭堰　萬曆二十二年撫院尹檄下本縣査官地空閑者各都置義塚一二所令徐公待聘將此地改爲義塚而地窪水汪難以瘞瘞雖有其名曾不得枯骨而掩焉四十四年驛傳道何公捐俸令屬縣每都買置義塚三都里遍僉以倉基雖改義塚而地勢洿下不堪掩骼此外又別無曠地呈縣酌議鄉紳李廷瑞以近地

而湖民字八十五號松山十畝易爲義塚令鄒公
批以高山而易單地誠義塚中之義舉准易中允
付戸根差天啓元年奉撫院蔣檄准戸部僉題新
餉一款凡各直省查有官地聽從民間納價請佃
廷瑚又遵旨納銀一十一兩二錢解部充餉訖今
何公通詳院道批允給帖自此改官地爲民地而
丈量入
册矣

預備倉附便民倉內

米倉在縣門內　今廢

際留倉在縣治西廡　今廢

常平倉在縣儀門東南　今廢

郵舖

虞東至下壩接餘姚界西抵江接會稽界使客旁午公文絡繹是爲孔道故自縣治總鋪而東十里曰通明鋪二十里曰查浦鋪（係一都界）總鋪而西十里曰華渡鋪（係二十二都界）二十里曰蔡墓鋪三十里曰新橋鋪（係十都界）凡東西置鋪五所其西南一路與夫沿江而上通新嵊天台至臨海爲兵巡道駐劄之所故去縣西三十里曰崑崙鋪西南四十里曰蒿陡鋪（係十一都界）七十里曰湛湖鋪別有旱路亦七十里曰蔡山鋪八十里曰十五畈橋鋪（係十三都界明劉基詩過蹬滑泥深去

馬遲雪殘青嶂不多時荒烟蔓草中郎宅素石淸漢烈婦祠日落風生臨水樹野寒雲濕渡江旗宜允事業存書史北望淒涼有所思凡置鋪亦五所其西北一路乃臨山衛瀝海所經由之道院司檮或按臨或委官査覈故去縣北六十里曰夏蓋鋪別有路亦六十里曰烏盆鋪係五都界去縣西北七十里曰達浦鋪係七都界八十里曰瀝海鋪係八都界凡置鋪四所通總鋪共置鋪一十五所鋪舊制各有郵亭廳廊門房線以周垣設鋪司兵以守候其兵數工食多寡以衝僻爲差第歲久圮壞缺于修治今惟總鋪在縣治側

兼爲[illegible]候之所完葺如舊餘多荒廢止存基址而已

橋渡

昔先王之教曰水涸而成梁夏令曰十月成梁志時也明王政之利濟于民者大且久也虞國王政所備之邑水可梁則梁否則設舟夫以渡爲在在有之鮮病涉者惟及時修舉俾無圮缺耳志橋渡

虞之城運河經其中自西徂東其間爲橋者四傍城西水門内曰來慶橋曰通濟橋宋名通濟元至正中重修改今名俗

呼八字橋歲久復將頹萬曆三十二年
令徐公待聘命居民壽來泰等重修曰豐惠橋
初名酒務橋朱令樓枃重建祠橋易今名袁燮記
略曰侯以學從政以政宜民凡可便于民者知無
不爲不苟目前之安圖爲長久之計縣市有酒務
橋周顯德中所建歲月茲久石或斷缺往來者凜
乎有壓溺之憂侯顧而嘆曰吾爲邑長于斯而吾
民病涉如此心可安乎乃以歲計之餘捐金募工
伐石更造以舊名額不雅思易之邑人沐浴膏澤
推原所自請名曰德政侯不許曰天以豐歲加惠
我民事幸而集予何德焉以豐惠揭之其可橋之
南北對峙二軒虛敞明潔爽人心目登請于起居
舍人魏公了翁書二大字以扁之初侯興是役也
役輦舊石爲橋于剪木闌之上東西緜紅西浮巨
蠡攬形勢以環合蓄風氣之渾厚侯秩滿去而是
橋適成邑人相與言曰令尹雖不言功吾儕能自
已乎歸功于天令尹之志也歸功于令尹邑人之
志也乃以德政名關上之橋而鑱諸石以識無窮

之思云曰九獅橋在等慈寺前元至正中重建洞橋〔黃和中詩〕幾年危磴倦扳躋蚤石成功信可稽欄列九獅雄舊軌車乘駟馬待新題長河俯瞰多飛鷁高岸憑陵有斷霓多謝老僧能起廢盡將勝槩付招提其來慶橋支分二一向南新河口曰晝錦橋直向南至金罍觀側曰登仙橋一向北至陳侍郎宅西曰姜家橋其通濟橋支分向西南曰望稼橋俗呼小八字橋曰張家橋曰玉帶橋曰觀橋曰薛家橋傍有井泉最芳冽又一支向南曰來學橋在書院前其豐惠橋支分三一橋西向南曰楊橋俗傳曹操與楊修讀邕所題曹娥碑陰八字未達修欲言而操止之行三十里而操始悟自是操忌修斬修此處因以名橋按劉孝

標世說註謂魏武未嘗過江安得此事詐亦云操
讀碑于汝南所摹者非在曹娥廟也今橋距廟
三十里未必以是得名楊修傳註載續漢書云八
有告修與曹植飲酒共載出司馬門謗訕鄢陵侯
操怒遂收殺之則修之死不在此明矣或謂宋嘉
定中因浚玉帶溪得石刻楊喬二字楊喬東漢桓
帝時人與孟嘗同郡爲尚書凡七上書薦嘗之賢
不用嘗耕隱虞畔鄰邑士民慕德就居止者百餘
家而喬亦托處焉則所刻二字有由來邑人陳絳號傳古亦云良是
由楊橋巷南近便西門曰胡家橋內有小斗門泄水東注今寨一橋東向北曰
浴堂橋又向南曰鸞鳴橋其九獅橋東支分向南
曰佛跡橋俗呼李打鐵橋石趾猶存由東門出曰釣橋釣橋崩
圮視篆同知常熟孫公爵康熙八年捐貲重建名

曰永安橋跨河曰攢春橋曰明德觀橋舊觀所在曰新橋楊侃香所建俗呼楊公橋既圮至元乙酉胡道山居士捨錢同道士丁信立等募緣重建洞橋今廢

河之南曰孟闕橋又曰還珠橋（宋華鎮詩）溪上還珠太守家小橋斜跨碧流沙清風不共門墻改長與寒泉起浪花更抵南二里許曰陳大郎橋下有閘

向東南曰包村橋曰西石橋直東曰青雲橋在龍王堂側舊名思賢即閘上橋初宋縣令樓杓建邑人名曰德政後尹王公璘重建以木易曰思賢後圯至正乙未邑人杜致甫傾私橐架石梁尹林公希元又名杜公橋橋圯作樓居爲迎送之地廢久明萬曆丙戌令朱公維藩比構文昌南新奎文復新橋其間以青雲名焉今又名聯登橋宋余應璜思賢橋記畧曰昔張忠定公問奸官于范延賞甬得萍鄉宰張希顏公問其故則以橋道完緝對則

橋之爲急務尚矣至元壬辰沂水王公璘奉命尹
虞甫及期而敝事舉獨德政橋僅一二廢柱屹乎
中流且橋在剪水閘西去纔二里縣東舊無橋梁
本口山低而遠陰陽家所忌宋嘉定四年宰樓公
杓始建此橋以關鎖之厥後儒流登科第持麾節
階屆從者相繼有人而邑人生理繁阜尤倍十昔
詎謂風水橋傾側幾廢石或斷缺往來危懼康熙
無徵哉
九年邑令鄭公僑捐募建造仍名聯登橋至舊通
明堰側曰清水閘橋過堰五里許曰謝家橋再東
曰李家橋曰戚家橋河北曰東黃湘橋嘉靖中令江公楠重
建再北曰任家滙橋曰落馬橋由北向東過新通
明壩曰東望橋邑人姚翔鳳有記曰五雲橋即唐家橋曰寺下

橋曰于家橋曰陳肖橋曰鎮虞橋邑人姚翔鳳有記沿北岸側有智果寺西洞橋內有六姚山石橋由西門出曰釣橋跨河曰永慶橋去三里許北岸曰西黄湖橋直西跨河曰華渡橋曰蔡墓橋沿北岸一帶曰昌福橋曰黄家橋去縣西十里通縣家湖水出運河曰黄公橋去縣二十里通皂李湖水出運河曰徐義橋曰大板橋去縣二十五里通皂李湖水出運河至梁湖鎮曰永樂橋曰太平橋由鎮西北過龍山十里曰百官橋一名舜橋由南門出曰釣橋在巽水庵右歲久圮壞義民王敏政造去五里許曰梘橋過上舍嶺直

抵西南曰普濟橋里人捐貲以建約二十餘丈知州丁時捐俸金五十兩構橋庵亦名普濟庵再西曰楊婆橋即通濟橋十八二十二十一都韓水聚流撇激洶湧過者病涉里人丁照倡義構康孫秉禮重修鄒庵爲守曰利濟橋即楊公咖曰韓呂葉橋曰厲婆橋曰管村橋曰蔣家山橋曰十五板橋曰章家橋曰寶泉寺橋其東南曰沈家石埠橋曰管溪橋曰太平橋在煉丹石山下曰虹橋由北門出曰北門橋曰元貞橋過西曰狗頸橋今廢過孝閣[illegible]直北曰馬愒橋相傳宋高宗過此馬不進故名曰學堂橋在朱侍中廟前曰和尚橋在破崗坂曰永豐橋在牟山西南曰小越橋在小越市

曰横山橋在伏虎山北曰栗樹橋由北而東曰大夫橋在五夫鎮由北向西曰分金橋在成德寺側曰嵩城橋由西南門出曰釣橋曰閘橋曰永昌橋上南曰黄家埠橋再南曰合清橋東西兩溪合流處洪水泛濫時則波濤衝激橋梁屢壞里人周亥倡首搆石造橋分爲三洞以殺其流曰雙溪橋由南而西曰來學橋係泳澤縣令朱公書院前曰躍龍橋維藩建至水所不便橋者則設官渡以濟其西接會稽曰梁湖渡在曹娥廟前渡夫三名明宋岳詩渡口夕陽斜長遊始問槎天低雲接樹風急浪平沙倦鳥依帆下征人隔岸譁眼前風景瀾詩意屬誰家施經詩雨霽臨江渡潮聲拍岸過秋深猶遠戍身老倦沉痾書劍蕭疎久風烟感

慨多醉餘聊自曰百官渡在百官市口渡夫二名慰詩寄碧山阿〔宋李光詩〕曉雨微茫水接天隔江茅店有吹烟杖藜獨步沙頭路猶記當時想渡船稍南曰蒿陡渡渡夫一名再南曰上浦渡舊名羅家渡渡夫一名曰蔡山渡曰浦口渡即丁村渡曰沐甝渡一名木溪已上渡夫各一名昔王子猷訪戴安道在此回棹北曰青山渡渡夫二名曰杜浦渡渡夫二名凡設渡九所夫一十四名而民間私渡不與焉夫橋渡之設利涉攸資所係於官民者誠大矣橋梁要津律有明示可忽也乎哉其橋屬通衢工鉅而濟普者或置田房以贍或設庵亭以守卽僻且微者亦必撑土著

誠篤者民主之稍見即甃治之無使積敝大壞而不可葺至于渡舟亦然其夫尤宜擇人若令無頼積棍充役借公而利私名以濟人而實以擠人也昔鄉里子歸越相國使自擇官舟以渡舟泊滸者無數不能辨傍有言者曰第視其敝蓬折櫓而破陋者即官舟也今之以舟為官舟者豈少哉

行市

民生日用百物需焉夫誰皆取諸宮中貿易有無自古然矣彼列肆而居負販而道者亡論若行則

聚貨每日爲常市則鬻貨期日以會余于行市而觀虞風有以知其俗之朴而民之貧也以食則止于米鹽蔬鱻而無珍饈以衣則止于麻縷絲絮而無紈綺以用則止于薪炭竹木簞箕甕盎之類而無奇巧所謂朴且貧者是不可槩見耶且窮鄙之民早夜孜孜胼胝不得休暇採于山則有餘薪耕于野有餘粟以至牲畜之所卵胎而生緋澼絖與灑削之所扢力而成者一旦有急須則側足喘汗而趨市門計獲錙銖以濟燃眉而壟斷者規其盈

駔儈者幻其智十不得七而錢且入手盡矣乃又有狡而挾貲者拾計倪白圭之餘算錙所必用之物乘其緩以儲之時值騰踊售其濫惡鄉民有可欺者脫復貨之不滿識者一笑甚則有以贋物僞鏹互相眩弄茲行之大較也嗟嗟剖斗折衡而不爭其風邈矣茲欲平物價而禁民欺其在復古之司市乎志行市

虞邑米行各鎮俱有而聚于豐惠橋之南北　鹽行在新通明堰亦有士民領官票而賣者謂之鹽戶

杉木行在孟宅閘河上　柴市在百雲門及通澤門　炭市在豐惠橋上至街南竹樹及版在百雲門外　布帛絲綿市在儒學前　魚鮮蔬菓雜貨市自雙節坊經儒學前大中坊口　鵝鴨雞市舊在新街口西至浴堂橋今移入街口　羊市在楊橋巷口稍東　猪市舊在等慈寺前九　上今移東門外城下　小猪市在務前今亦東門外　牛市在東門外河南岸西自探春橋東盡明德觀橋以三六九日爲期市頗大各　縣多有就者其牙

牽皆市魁無一牛則四五六叢至作隱語以愚交易者如一兩則曰汪僧一錢則曰拗子之類今牽受其欺其銀亦多低假相習既久殊不自覺術牙人亦多爲市語[illegible]磚瓦市皆十都居民以舡載至在學前河下亦单日又有隨時作市者如春笋在南門外春夏桑葉在南門内洞橋邊秋冬間芋在南門外綿花苧蔴俱在學前新穀俱在東門内外鄉人負擔而至米行以筐筥盛之爲之准銀穀以資其來斗米則四時皆然至豐惠橋南北行人亦與

賣穀者類其市在各鄉鎮者共十有三梁湖市在西三十里百官市在西北四十里嵩城市在西北六十里小越市在東北四十里橫山市在北四十里五夫市在北四十里五車堰市在北四十五里下湖溪市在南二十里下管市在南三十里南寶市在南四十里廢章家埠市在西南四十里三界市在西南六十里上虞會稽嵊三縣之人俱有至者三六九日爲期上浦市在西南四十里

義塚

義塚之設爲窶民無葬地或客死無歸者得以瘞埋于此不至棄溝壑而供螻食益體先王澤及枯骨

之意而爲之德至厚也豈以處之增土而獨可以

平志義塚

虞介于山海之間義塚絶少厄貧不能葬者雖親如

父母受如妻子非投諸叢莽即委諸道旁以爲常

萬曆三十二年今徐公待聘方欲議設以挽澆風

會撫臺尹公檄適下遂嚴爲各都皆制一二所或

官地空閑者或好義捐舍者不踰月而事竣仍立

石大書年月畝數是舉也庶材落貧民亦不至棄

屍暴棺而澤及枯骨乎其葬法修築詳府帖中一葬

法各處義塚地里有限待埋無窮若任其隨處亂
埋匪直易于盈滿且日久必至于沓葬是欲掩新
骼而反棄舊骸矣今後如置有義塚先令委官逐
一丈量通計若干分爲幾塴畫定界限每塴橫長
九尺濶八尺葬棺二口葢以一棺長六尺濶三尺
兩棺長濶皆六尺四圍坑口各留濶五寸坑沿各
五寸上下各加五寸以丈量法計之一坑長九尺
濶八尺積得二方八尺八寸筭得一厘一毫每地
一畝大約開坑九十八口可埋棺一百九十八具
其掘土以深至五尺爲度其低陷處所恐有水浸
亦須深三四尺面上仍堆高三四尺形如馬鬣各
以遠處起土不許將塚地掘挖成坑如第一塴葬
滿方于第二塴葬起仍先于地面逐塴畫坑若干
編立字號預報在官及葬棺以後報云某月某日
葬棺若干開坑自某字號起至某字號止以備稽
查庶地無虛費棺無沓葬矣若一修築各處義塚
置碑立界原杜豪右侵沒之弊可垂永久第土葬
之墓易于坍塌若不加以修築責以看管年深月

久棺腐土頹頑民縱放牛馬踐踏難免暴骨荒垅
須責令地方見役看守不許侵損仍于每歲清明
時官給夫役將各葬過骸棺上面加土一　委官
亦于此時親至義塚巡行有空陷者修築之侵汚
者疏導之仍具結狀以備查考　舊塚　一在西南門
庳塚墓經久而不至崩塌矣　外養濟院前
計地七畝正德間葛廷貴葛世民義捨　一在縣
西門外二里計地若干畝舊名漏澤園　一與舊
塚隣並立石河滸　一縣東花園畈黃家瀝東　新
已上二塚俱萬曆二十八年令胡公思伸建
塚　三都太平庵趙五道人捐山三畝附近新通明
壩太學生方志達捐已山二十五畝近驛路
二都民王洪捐山一畝四厘四毫趙邦佐捐地一
畝朱滙捐地一畝零共三畝　三都廢倉基七畝
零亭基一方俱官地此即萬曆三十二年令徐待
聘奉文所改廢倉基亭基爲義塚地也其地係辰
字七百六十九號地卑難葬要民患苦鄉紳李廷
瑚先經奉交以近地松山十畝易之後又遭肯納

粮請佃付戸輸粮詳倉厫下　三都百湖辰字八十五號松山十畝卽李廷瑚易廢倉基爲義塚之地倉基後復納價則此山應歸業主廷瑚不有願仍捨爲義塚焉　四都亭基二所約二畝零另徐用寅捐山八畝坐厲家嶺側　五都夏蓋山西湖邊大村處所官地一片約四畝貼官塘　六都官地中坐雀子畈計一十畝　七都民金政佩捐地畝二分　八都譚村荒地一所計六畝　九都劍字號官地約三畝零號字號官地計四畝百家廟基地二分嵩字號地計七畝　十都原有義塚約六畝七分又茅遵化捐山計七畝零　十一都漳汀畈官地計二畝零黄泥山智度寺基地四畝　十二都沿塘塗地一十畝　十三都官字號荒地計十一畝零坐蔡山渡側　十四都龔村畈官地計十三畝　十五都民王敏敬捐山計八畝魏文浮損地計二畝二分五厘　十六都關循捐山三畝又翁捐地一畝三分李儒捐地七分零十七都南倉發基地十畝零亭基地二分九厘又

馬十金捐地三分九厘　十八都民丁魁捐地一
畝丁朝助山三畝　十九都塔灣畈荒地約有一
十餘畝　二十都石畢西畈荒地一帶約有一十
餘畝　二十一都西南門外官地七畝楊婆橋官
地七畝又近西溪成經成第一捐山一十八畝
二十二都受字號地五分二厘五毫又絕戶楊坤
四地九分七厘五毫　二十三都横山廟邊竹字
等號趙大化捐地一畝零宋深地七分張成地一
畝四分又連荒地約七畝黃竹嶺廟邊趙志趙瑞
指地一畝三分趙孝地五分趙乾地八分姚文達
捐休字號地一畝四分　鎮都百家廟
基約地七分陳七郎廟約基地一畝

上虞縣志卷之七終

上虞縣志卷之八

食貨志一　戶口　田土　賦役

夫人一日不再食則饑又曰人不衣食君臣道息食者民之所天亡慮取資地產葢亦仰給于四遠者衆矣故泉取泉流布取布散財貨欲其行如流水而民食可得不絀也江南火耕水耨無凍餒之人亦無千金之家况虞之瘠土民貧者乎今凍餒比屋見告矣計口而食浙米而炊飯稻羹魚使人有生之樂者惟不盡四民之利源而生殖轉輸得

其職也作食貨志

戶口

周宣王料民於原春秋譏之今則編民在版女口牽錢定制矣王土王民此自其分第宜休養而生息之毋使耗不登耳志戶口

戶凡一萬九千三百一十有一內丁口凡三萬五千六百八十有二其男丁二萬三千三百五十有九婦女一萬二千四百二十有三　內分

鄉民人丁一萬六千六百一十五丁每丁科本色米八勺共

米一十三石二斗九升二合折色銀一錢六分一
毫共銀二千六百六十兩六分一厘五毫
竈丁一千八百五十四丁鄉民婦女九千四百六十
三口每丁口科本色米八勺共米九石五升三合六勺折色銀七厘二毫共銀八十
一兩四錢八分二厘四毫
市民人丁四千七百九十丁每丁科折色銀一錢五分四厘三毫共
銀七百三十九兩九分七厘
市民婦女二千九百六十口每口科折色銀一厘四毫共銀四兩四
錢四分四厘
按先王重民數匪直普天王臣議無所逃亦以天

地之生息民物之阜安按籍可稽也古今極盛無
如漢平元始天下戸幾千一百二十三萬三千後
世休養殷於貞觀考覈詳于天寶而竟不及漢遠
甚此何以故虞於洪武二十四年戸三萬三十七
口十三萬七百三十四永樂二十一年戸三萬一
千九口九萬二千二百四十一嘉靖十年戸二萬
二千四百十二口四萬四千三十六萬曆十年戸
一萬九千三百十一口三萬五千六百三十八人不
知列聖之所以愛育而休息之者實在而遞降遞

減其數之盈縮相懸至此說者謂戶賦輕則版籍易實戶賦重則隱漏必多譬如富家大族各有田數千畝分之皆可以大役合之則一役中人之家有田數百畝不分可以大役分之則無役或合而分或分而合推收飛詭百弊叢生而戶因之以虛耗噫安得有留心戶土者盡括而歸於版得復先

朝之盛哉

田土

畫野分圻則壤是式發徵期斂邦計攸司詎可袤

也虞民生疲而物力詘制緜入者亦惟是用一緩二以甦之乎地不改闢法在從時當以今額爲準

志田土

上患田三百七十九頃四十四畝一分四厘三毫每畝科本色米五勺三抄五撮共米二十石三斗一勺一抄六撮折色銀七分三釐九毫共銀二千八百四兩七分二厘一毫六絲七忽七微

中患田六百九十六頃三十畝九分五厘七毫每畝科本色米五勺二抄□撮共米三十七石二斗五升二合五勺六抄二撮折色銀七分四厘九毫共銀五千二百□十五兩三錢五分八釐六毫七絲九忽三微

熟田二千八百三頃九十畝二分六厘一毫每畝科
本色米五勺三抄五撮共米一百五十石八合七
勺九抄折色銀七分六厘一毫共銀二萬一千三
百三十七兩六錢
九分八厘八毫

破塌等畝患田三十六頃二十一畝六分每畝科本色
米五勺三抄五撮共米一石九斗三升七合五勺
五抄六撮折色銀六分四厘二毫共銀二百二十
二兩五錢六
厘七毫二絲

倒不起耗竈田陸十二頃二十八畝七毫每畝科本色
米五勺三抄五撮共米三石三斗三升一合九勺
八抄四撮折色銀七分五厘二毫共銀四百六十
八兩三錢四分六厘
一毫二絲六忽四微

池塘瀝二十七頃五十畝一分四厘五毫每畝科本色米三勺二抄九撮共米九斗四合七勺九撮折色銀四分二厘二毫共銀一百一十六兩五分六厘一毫一絲九忽

地八百三頃一十九畝三分三厘四毫每畝科折色銀九厘九毫共銀七百九十五兩一錢六分一厘四毫六忽六微

蕩五頃五畝六分九厘八毫每畝科折色銀三分四厘五毫共銀一十七兩四錢四分六厘五毫八絲一忽

山四千九十八頃八十七畝九分三厘七毫每畝科折色銀二厘九毫共銀一千一百八十八兩六錢七分五厘一絲七忽二微

學山三十頃八十五畝每畝科折色銀一厘一毫共銀三兩三錢九分三厘五毫

徐待聘曰凡民可與樂成而難與慮始事有出于一時之所駭而或貽于百世之益者固有民社者蒿目以思蚤夜以計所弗遑已虞瀕海環江雖堤封百里山實與田埒田可履畝而度版籍昭灼其誰得匿焉惟是山則東西綿亘南北蜿蜒望之茫邈陟之嶢創父傳之子特曰此吾家山耳而莫知何止趙甲鬻山錢乙得之特曰吾所置新山耳而

不知已大斷于原額富家巨室百計飛詭沿習之久甚則十隱百百隱千亥章之所不能步而隸首之所不能算也然山異于田其肥瘠倍蓰荒稔倍蓰物產亦倍蓰古云藏舟于壑今則藏山于山莫能窮詰素封之家巧幻爲匿坐收其入子孫安享日用而不知貧民守祖宗磽磧不毛之塊歲爲賠官輸抑何不均也余初涖虞訟山者不一而足亦嘗披蓁莽與之勘定界限而訟終未息父老紛紛以告且曰利不十者不舉害不百者不易虞邑之

弊莫甚于山子有不均舍父母其誰控候肯不惜
勞怨一爲清釐則虞民去千百世之害以開千百
世之利顧不偉歟隨具文乞之當道業已奉行詳
申文中據車德助呈稟大要虞地多山在在有之
而山之坐落都分則多寡固自不同也惟
山不比田畝各有字號歸戶奸豪往往佔山之利
以肥已而又欲漏山之稅計賂小書鈌報畝數遂
與原總不合先經楊知縣查究而故胥陳宰十等
遂攤各都細民賠補有山者無稅有稅者亦必有
山以細民而派以虛稅賠累一年猶可勉强支應
年復一年其爲子孫之累何可窮也故車德助等
有懇除大弊之呈爲此酌議丈山派稅必挨都斯
丈某都有山若干其山何名係業戶何人分作官
民荒熟四項自坊都起至鎮都止某都某人有山
無稅某都某人無山有稅某都有山尙屬官而民

便樵牧其都有山久抛荒而民願開墾然後挨次將天地元黃等字派作山號逐都逐里勘丈入冊則勢豪所佔之山悉在目中而以其所餘補其所缺自不累及鄉愚矣但山之佔由來已久而山之險阻又非若田地之可計畝而籍者以久佔之山而責之改正以向未清理之山而爲之稽覈此窮簷小民之所甚利而勢要之所甚不利者非奉憲批或致沮尼謹將議過緣由申請詳奪以便遵行

憲檄所締而民困亦少甦矣

務令彼疆此界截然不移以肥磽瘠以有餘裨不足一都之山均一都之缺通邑之山均通邑之税歷劃積年之害弊而民其少甦乎要亦予元元者念不忍而冒以爲之後之繼令者愼毋曰此關

阡陌之故智則厚幸矣

賦役

邑之戶有四曰民曰軍曰竈曰匠土有七曰田曰地曰山曰池曰塘曰瀝曰蕩先是戶口田土皆有銀差有力差而今自有顧役之法一槩徵銀在官募夫應役人稱便矣其詳具載稅粮均平中凡權稅不由丁田與每歲稍有增減者不與焉志賦役

稅粮　本色米二百三十六石八升一合二勺八抄

粮條銀三萬五千六百三十兩八錢二分八厘四絲內除優免銀八百九十五兩二錢七毫實徵銀三萬四千七百三十五兩六錢二分七厘三

毫四絲外零星積餘銀三十二兩六錢七分二厘

夏稅麥一千七百三十九石八斗六升七合四勺租鈔四百八十五錠四百四十文內起運

京庫折銀麥一千一百二十六石五斗六升五合每石折銀二錢五分每兩外加滴珠路費銀二分五厘

存留

本縣儒學倉麥一百石每石折銀八錢聽給師生俸廩

餘姚縣常豐四倉麥二百五十石本折中半折色每石折銀五錢五分解府貯庫以五錢銷抵不給運五分作正支銷本色運倉支給官軍月糧

常豐五倉麥二百六十三石三斗二合四勺內扣官俸麥三十二石每石折銀八

錢聽給本倉官俸餘麥本折中半折色每石折銀
五錢五分解府貯庫以五錢抵石給軍五分作正
支銷本色運倉
支給官軍月糧
本府泰積庫鈔四百八十五錠四百四文每貫折銀二厘
農桑絲一百九十六兩一錢一分二厘五毫折絹九疋二丈
五尺七寸八分本折中半折色每疋徵銀七錢原
于里甲內徵今照通省一例改入稅糧帶徵
秋糧原額續認新增米三萬六千四百七十四石四
斗四升二合一勺八抄內新增米五十六石八升一合二勺八抄租
鈔二千五百四十三錠三貫九十八文內起運
京庫折銀米七千八百七十石八斗八升每石折銀二錢五分

每兩外加滴珠路費銀二分五厘

京各衛倉米六千五百一十石內折解歷年不等俱係會計派单仝日徵解今以萬曆六年派數開後實運京各衛倉米六千一百七石三斗二合一勺折色米六千三石七升二合一勺每石折銀七錢水兌正米一百四石二斗三升外加耗米二十六石五升七合五勺共正耗米一百三十石二斗八升七合五勺如奉文徵解本色即令官解貴銀前赴近京產米地方照時價買納有餘扣追還官萬曆三十三年議每石折銀七錢或米或銀俱解　南京戶部派剩米四百二十六斗九升七合九勺內米一百八十四石六斗五升五合七勺六抄九撮係改

撥光祿寺之數米二百一十八石四升二合一勺
每石折銀七錢
三抄一撮每石折銀六錢二項俱解北京太倉銀
庫交納每兩外加路費銀一分二厘

存留

頒料米二百二十九石一斗七升每石折銀六錢共
計折銀一千二百
五十三兩
解司貯庫

預備秋米二千五百六石每石折銀五錢共計銀一
千二百五十三兩解司充
餉

本縣存留倉秋米三百三十六石四斗二升六勺五
抄五撮原派米二百八十石三斗三升九合三勺
七抄五撮幷本縣遞年新增陞科學院米

五十六石八升一合二勺八抄共計實徵前米內扣官俸米一百二十石每石折銀八錢給本縣官員俸糧外餘米俱徵本色

寧波府廣盈倉秋米一萬九千二十一石九斗七升一合五勺二抄五撮內原派三分折色米五千七百六石五斗九升一合四勺五抄七撮五圭每石折銀五錢五分共計銀二千一百三十八兩六錢二分五厘三毫一忽六微二塵五渺徵解該府貯庫扣解寧波衛淺船料價外共本色七分今議本折中半折色折中米六千六百五十七石六斗九升三抄四撮七圭五粟每石折銀五錢五分共計改折米銀三千六百六十一兩七錢二分九厘五毫一絲九忽一微一塵二渺五漠徵解該府貯庫以五錢抵石給軍五分作正支銷其折色正米六千一百五十七石六斗九升三抄四撮七圭五粟原徵本色今續奉文改徵

折銀三千六百六十一兩七錢二分九釐五毫一絲九忽一微一塵二渺五漠

本府泰積庫鈔二千五百四十三錠三貫九十八文每貫折銀二厘

鹽糧無閏米二百六十九石六斗六升六勺二抄五撮存留

本縣儒學倉鹽米二百五十石每石折銀八錢聽給師生俸廩

存留倉鹽米一十九石六斗六升六勺二抄五撮本色

有閏年分加米二十二石四斗七升一合七勺一抄八撮七圭五粟派作預備每石折銀五錢解司充餉

鹽鈔起運無閏本色鈔二百五十八錠三貫該銀一兩四錢七分七厘八毫九絲九忽　折色銅錢二千五百八十六文該銀三兩六錢九分四厘二毫八絲五忽七微一塵四渺三漠俱每兩外加路費銀一分二厘有閏本色鈔二百八十錠七百五十文該銀一兩六錢一厘五絲七忽二微五塵　折色銅錢二千八百一文五分該銀四兩二厘一毫四絲二忽八微五塵七渺一漠俱每兩外加路費銀一分二厘

存留無閏本色鈔二百五十八錠三貫該銀一兩四

錢七分七厘八毫九絲九忽　折色銅錢二千五百八十六文該銀三兩六錢九分四厘二毫八絲五忽七微一塵四渺三漠　有閏本色鈔二百八十錠七百五十文該銀一兩六錢一厘五絲七忽二微五塵　折色銅錢二千八百一文五分該銀四兩二厘一毫四絲二忽八微五塵七渺一漠

課程

本縣額徵無閏課鈔二百七十四錠一貫五百八十八文折銀二兩七錢四分三厘一毫七絲六忽

有閘課鈔二百八十六錠四貫二百四十二文折

銀二兩八錢六分八厘四毫八絲四忽俱縣市門

攤鋪行出

辦解府

轉解

税課局額徵無閘課鈔六千六十七錠三百八文折

銀六十兩六錢七分六毫一絲六忽　有閘課鈔

六千六百一十六錠一貫八百六十九文折銀六

十六兩一錢六分三厘七毫三絲八忽俱均徭内

編巡欄殺

銀抵解本

府轉解

河泊所額徵無閘課鈔一千二十一錠三貫二百二

十八文折銀一十兩二錢一分六釐四毫五絲六忽有閏課鈔一千八十二錠一貫二百二十文折銀一十兩八錢二分二釐四毫四絲俱魚戶一百三十一名出辦〻轉解

上虞河泊所額徵無閏課鈔五百七十五錠四貫九百二十五文折銀五兩七錢五分九釐八毫五絲有閏課鈔六百一十五錠八百文折銀六兩一錢五分一釐六毫俱均徭內編派攬役銀抵辦解府轉解

本縣帶辦五夫稅課局額徵無閏課鈔二千七十六

錠六百三文折銀二十兩七錢六分一厘二毫六忽　有閏課鈔二千三百六錠二貫四百二十文折銀二十三兩六分四厘八毫四絲俱均徭內編抵解府轉解

河泊所漁課歲辦無閏熟鐵折苧蔴七十二觔九兩七錢六分折銀三兩六錢三分五毫　有閏熟鐵折苧蔴七十八觔十兩五錢六分折銀三兩九錢三分三厘已上料價每兩加路費銀一錢俱魚戶一百三十一名出辦解納

均平

額坐雜三辦銀共五千六百一十五兩四錢二分六

厘三毫五忽徵解支給緣由詳見規條及司府總各款下

額辦銀二百七十九兩六錢三分九厘九毫內　白

硝麂皮折色價銀一兩八錢如遇本色年分徵銀一兩四錢五分二厘

桐油價銀二十二兩五錢九分三厘本色加徵墊庫路費銀五十四兩二錢二分三厘二毫折色墊庫路費不派墊庫路費萬曆二十四年奉文加增一十八兩七分四厘四毫藥材正料銀一十六兩四錢七厘四毫三

絲津貼路費銀八兩六分七厘六毫七絲共銀二

十四兩四錢七分五厘一毫　弓箭弦條本色銀

一百六十六兩六錢如遇折色年分徵銀一百六十九兩五錢八厘九毫七絲

辦料年分徵銀二百七兩六錢二分九厘八毫胖襖褲鞋本色銀六十四

兩一錢七分一厘八毫如遇折色年分徵銀七十四兩四分四厘三毫八絲

坐辦銀一千八百三十兩二錢九厘七毫内

水牛底皮等料改爲年例牲口銀四十二兩　果品

銀二十兩一錢　蠟茶銀六十七兩九厘八毫又

加派蠟茶銀二百一十六兩九錢三分八厘三毫

簝笋銀二兩六錢三分又加派簝笋銀二兩八錢

三分七厘八毫

京并布政司暦日紙料銀四十八兩七分四厘九毫

內
京紙遇閏加銀二錢五分八厘七毫
淺船料銀四百八十二兩六錢九分四厘四毫
漆木料銀五兩二錢六分八厘八毫
四司工料銀四百五拾一兩
軍器民七料銀七十二兩九分四厘七毫如遇本色年分徵銀七十一兩八錢四分七厘六毫
歲造叚疋銀四百二十一兩五錢六分一厘遇閏加
銀二十六兩一錢八分二厘八毫二絲六忽五微
六塵一渺二漠

雜辦銀共三千五百二十二兩五錢六分六厘七毫五忽

內

本府拜賀表箋綾函紙劄寫表生員工食委官盤纏

銀三兩七錢八分一厘七毫三絲

本府諭祭銀六兩六錢六分六厘六毫七絲

本府歲考生員試卷菓餅激賞花紅紙劄筆墨并童

生菓餅進學花紅銀一十四兩

本府季考生員每年量計二次合用試卷菓餅激賞

花紅紙劄筆墨等項銀一十二兩

本府起送科舉生員酒禮花紅卷資路費并各官席
席銀六兩五錢
本府迎宴新舉人合用捷報旗匾銀花彩緞旗帳酒
禮并各官酒席銀五兩六錢六分七厘
本府起送會試舉人酒席并路費卷資銀八兩三錢
八分四厘四毫
本府會試舉人水手銀一百一十二兩
本府賀新進士合用旗匾花紅酒禮銀五兩
本府歲貢生員路費并旗匾花紅酒禮銀一兩五錢

本府心紅紙劄銀四十兩

本府修理廳堂公廨監房土地祠等處并新官衙宇銀七兩二錢一分

本府修理儒學教官衙宇銀一兩五錢三分

本府預備雜用銀三十七兩五錢

本縣拜賀習儀香燭銀四錢八分

本縣文廟二祭共銀六十兩　啓聖公二祭共銀一十二兩　社稷山川壇各二祭共銀四十兩　邑厲壇三祭共銀三十兩　鄉賢名宦祠各二祭共

銀一十六兩通共銀一百五十八兩

本縣歲考生員試卷菓餅激賞花紅紙劄筆墨并童生菓餅并進學花紅銀六十五兩

本縣季考生員每年量計一次合用試卷菓餅激賞花紅紙劄筆墨等項銀五十兩

本縣起送科舉生員酒禮花紅卷資路費并各官陪席銀三十五兩七錢六分

本縣迎宴新舉人合用提報旗匾銀花綵緞旗帳酒禮并各官酒席銀一十一兩

本縣起送會試舉人酒席并路費卷資銀一十七兩
三錢三分三厘三毫
本縣歲貢生員路費并旗匾花紅酒禮銀六兩
本縣新官到任祭門猪羊酒菓香燭銀二兩八錢五
分
本縣心紅紙劄銀一百八兩
本縣人夫一百五十四名每名銀六兩共銀九百二
十四兩內扣解本府水利廳聽役夫六名銀三十
六兩後奉文又抽扣夫二名銀一十二兩外本縣

燈夫一十二名每名銀一兩四錢共銀一十八兩八錢又儒學夫一十五名每名銀三兩六錢共銀五十四兩通共銀一千六兩八錢遇閏照加嵩礪募夫銀三十四兩于內扣給

本縣僱馬銀先額四百二兩五錢萬曆十三年奉督撫部院溫批允議增五十二兩五錢共銀四百五十五兩

本縣僱船銀一百兩

本縣修理城垣銀二十兩

本縣修理廳堂公廨監房土地祠等處幷新官衙宇

銀二十二兩三錢三分三厘四毫

本縣修理公所衙門銀二十五兩

本縣修理儒學教官衙宇銀八兩

鄉飲酒禮年該二次銀二十二兩

迎春芒神土牛春花春鞭三牲酒席銀四兩

上司幷府縣門神桃符銀一兩五錢

科舉禮幣進士舉人牌坊銀一百八兩二錢八分三

厘七毫

武科供給筵宴并盤纏銀七錢一分五厘
提學道考試生員搭蓋篷廠工料銀四兩四錢
孤老花布木柴銀四十兩
三院司道按臨并本縣朔望行香講書紙劄筆墨香
燭銀五兩
分守道駐劄油燭柴炭海巡二道巡歷心紅紙劄油
燭柴炭銀四兩二錢
分守道駐劄士夫交際下程酒席銀三兩
三院查盤委官駐劄合用心紅紙劄油燭柴炭吏書

廩米銀九兩
上司各衙門并府縣及查盤取用卷箱架扛鎖索棕
單白牌等項銀五兩
部運南粮委官水手銀一兩五錢
省城上司各衙門新官到任隨衙一道家伙祭祀猪
羊等銀八兩四錢三分一厘五毫
上司經臨及一應公幹過往官員合用心紅紙劄油
燭柴炭門厨皂隷米菜銀二十五兩
府縣陞遷給由并應朝官員起程復任酒席祭門祭

江猪羊二牲酒菓香燭等項銀二十一兩五錢

軍器路費銀六兩七錢五分九厘二毫如軍器改折路費停徵

戰船民六料銀六十三兩四錢四分八厘二毫

雕塡漆匠役銀四兩二錢五分九厘六毫遇閏加銀三錢五分四厘四毫

脩城募夫工食銀一十五兩五錢遇閏照加

經過公幹官員辦送下程油燭柴炭銀一百三十兩

上司經臨并過往公幹官員合用門皂銀四百兩

修城民七料銀三十五兩七錢一分三厘

修理府縣鄉飲公宴祭祀新官到任齋宿幕次器皿
什物及經過公幹官員轎傘幃褥等銀一兩
司道衙門書手工食銀五兩四錢五分遇閏照加
本縣預備雜用銀二百九十兩　數難定計遇用聽于預備銀內請支項款
開後　三院考試生員合用試卷菓餅激賞花紅紙
劄筆墨銀　恤刑按臨合用心紅紙劄油燭柴炭
并吏書下程銀　按察司進表水手銀一兩五錢
置辦察院并南北分司公館家伙等銀　見
甲人戶由票紙劄銀　每十里動支預一兩買紙刷印分

兌衙門合用心紅紙劄油燭柴炭并吏書下程等銀一十兩

均徭

額銀二千四百兩六錢四分三毫三絲九忽內

京額斑直部柴薪皂隸七名每名銀一十二兩外加火耗銀三錢共銀八十六兩一錢遇閏每名加銀一兩

京直堂把門看倉看監隸兵二名每名銀一十兩外加火耗銀三錢共銀二十兩六錢

解京富户五名每名銀二兩共銀一十兩
巡按察院節字號坐船水手銀五兩遇閏照加
巡鹽察院完字號坐船水手銀一兩三錢遇閏照加
布政司解户二名每名銀三十兩共銀六十兩　馬
丁九名每名銀四兩共銀三十六兩　廣濟庫庫
子一名銀一十二兩遇閏加銀一兩
布政司右堂皂隸二名每名銀一十兩八錢共銀二
十一兩六錢遇閏每名加銀九錢
分守寧紹台道甲首一名銀一十兩八錢遇閏加銀

九錢
按察司馬丁九名每名銀四兩共銀三十六兩
兵巡寧紹　道弓兵一名銀一十兩八錢遇閏加銀
九錢
都司斷事皂隸一名銀一十二兩遇閏加銀一兩萬
曆十三年又奉文增副斷事皂隸二名每名一十
二兩遇閏各加一兩獄卒三名每名銀一十兩八
錢共銀三十二兩四錢遇閏每名加銀九錢
兩浙運司柴薪皂隸六名每名銀一十二兩共銀七

十二兩遇閏每名加銀一兩
運使皂隷三名每名銀一十兩八錢共銀三十二兩
四錢遇閏每名加銀九錢
總兵府轎傘箱夫門皂先年賦役未載萬曆十三年
奉軍門蕭議派門皂銀三兩又奉督撫部院温議
派轎傘箱夫銀四兩四錢
本府柴薪皂隷三名每名銀一十二兩共銀三十六
兩遇閏每名加銀一兩　馬丁二名每名銀四兩
共銀八兩　甲首六名每名銀七兩二錢共銀四

十三兩二錢遇閏每名加銀六錢　秦積庫役銀
二十六兩六錢六分六釐六毫六絲七忽　捕鹽
應捕二名每名銀七兩二錢共銀一十四兩四錢
遇閏每名加銀六錢　新官家伙銀四兩七錢四
分四釐
本府儒學齋夫一名銀一十二兩遇閏加銀一兩膳
夫一名銀一十兩遇閏加銀八錢三分三釐三毫
臨山衛首領官柴薪皂隸一名銀一十二兩遇閏加
銀一兩

本縣柴薪皂隸九名每名銀一十二兩共銀一百八兩遇閏每名加銀一兩　馬丁四十名每名銀四兩共銀一百六十兩

門子二名每名銀七兩二錢共銀一十四兩四錢遇閏每名加銀六錢

皂隸二十三名每名銀九兩共銀二百七兩遇閏每名加銀七錢五分縣堂一十八名佐二各二名首領一名

耳房庫役銀四十二兩給管庫吏雇人守庫并辦心紅油燭查盤造册紙劄工食及夏冬桌幃坐褥等費

獄卒四名每名銀九兩置辦刑具燈油在內共銀三十六兩遇閏每名加銀七錢五分

捕盜應捕一十名每名銀七兩二錢遇閏每名加銀六錢

巡鹽應捕八名于民壯內另編每名除工食七兩二錢外給賞鹽課銀九兩五錢七分六厘共銀七十六兩六錢八厘責令每歲更番巡緝

本縣新官家伙銀一十六兩

本縣儒學齋夫六名每名銀一十二兩共銀七十二

兩遇閏每名加銀一兩
膳夫八名每名銀一十兩共銀八十兩遇閏每名加
銀八錢三分三厘三毫
門子三名庫子二名掃殿夫三名啓聖公祠門子一
名共九名每名銀七兩二錢共銀六十四兩八錢
遇閏每名加銀六錢
教官家伙銀一十二兩
歲貢生員赴京路費銀三十兩
預備倉斗級二名每名銀二十兩共銀四十兩遇閏

每名加銀一兩六錢六分六厘七毫
常豐一倉斗級一名銀二十兩遇閏加銀一兩六錢
六分六厘七毫
常豐三倉斗級二名每名銀一十五兩共銀三十兩
遇閏每名加銀一兩二錢五分
看守布按分司府館門子共五名每名銀二兩六錢
共銀一十八兩遇閏每名加銀三錢　布政分司
按察分司各二名府館一名
稅課局巡攔五名抵課銀十六兩六錢七分六毫一

絲六忽遇閏加銀五兩四錢九分三厘一毫二絲
二忽
五夫稅課局巡攔二名抵課銀二十兩七錢六分一
厘二毫六忽遇閏加銀二兩三錢三厘六毫三絲
四忽
河泊所巡攔一名銀五兩七錢五分九厘八毫五絲
遇閏加銀三錢九分一厘七毫五絲
曹娥場工脚二名每名銀六兩共銀一十二兩遇閏
每名加銀五錢

黄家堰巡檢司弓兵一十八名內濟邉五名每名銀
五兩共銀二十五兩實役一十三名每名捕盜工
食銀七兩二錢共銀九十三兩六錢另徵鹽課銀
五十兩四錢通共銀一百六十九兩鹽課遇閏加
銀四兩二錢仍每兩外加滴珠銀一分實役遇閏
每名加銀六錢
廟山巡檢司弓兵二十二名內濟邉五名每名銀五
兩共銀二十五兩實役一十七名每名捕盜工食
銀七兩二錢共銀一百二十二兩四錢另徵鹽課

銀二兩六錢四分通共銀一百五十兩四分鹽課
遇閏加銀二錢二分仍每兩外加滴珠銀一分實
役遇閏每名加銀六錢
梁湖壩巡檢司弓兵一十八名內濟邉五名每名銀
五兩共銀二十五兩實役一十三名每名捕盜工
食銀七兩二錢給賞鹽課銀二兩一錢六分六釐
一毫五絲三忽八微五塵共銀一百二十一兩七
錢六分通共銀一百四十六兩七錢六分實役遇
閏每名加銀六錢

衝要五舖司兵共二十五名每名銀八兩四錢共銀二百一十兩遇閏每名加銀七錢　蒿陡舖　崑崙舖　蔡山舖　板橋舖　池湖舖各五名

次衝六舖司兵共三十名役銀不等共銀二百一十兩遇閏每名照加　縣前舖五名每名銀八兩　通明舖　渣湖舖　華渡舖　蔡墓舖　新橋舖各五名每名銀七兩二錢

偏僻肆舖司兵共二十二名每名銀六兩共銀七十二兩遇閏每名加銀五錢　瀝海舖　烏盆舖　夏蓋舖各三名

各渡渡夫共一十四名役銀不等共銀五十六兩八錢遇閏每名照加　青山渡二名　嵩陡渡一名

梁湖渡三名　杜浦渡二名俱每名銀五兩　上浦渡一名

百官渡二名俱每名銀三兩六錢　丁村渡　沐憩渡

蔡山渡各一名俱每名銀二兩

新通明壩壩夫三十名每名銀一十兩八錢外加纜索銀一兩二錢共銀三百六十兩遇閏每名加銀九錢

梁湖壩壩夫二十名每名銀九兩共銀一百八十兩

遇閏每名加銀七錢五分
舊通明壩壩夫二名每名銀六兩共銀一十二兩遇
閏每名加五錢
軍餉
額派銀四千七百九十一兩九錢三分六厘二絲九
忽四微八塵内　田地山銀二千五百五十四兩
一錢五分六厘二絲九忽四微八塵派徵緣由見規條下
預備秋米二千五百六石每石折銀五錢共銀一
千二百五十三兩　均徭克餉銀三百九十八兩

四錢內扣布政司解戶二名每名銀三十兩本縣皂隸克餉一十名冗徵二名每名銀九兩巡司弓兵三十二名內梁湖六名廟山黃家堰各一十三名俱每名銀七兩二錢 民壯充餉銀五百八十六兩三錢八分

民壯實役一百名每名銀六兩又鹽捕八名每名銀七兩二錢共一百八名通共銀六百五十七兩六錢遇閏照加 附巡按浙江監察御史龐奏准均平額則 浙江等處承宣布政使司爲節冗費定法守以蘇里甲事准本司督理糧儲道右參政張按察司帶管清軍驛傳副使楊手本嘉靖四十五年五月二十六日辰時抄蒙巡按浙江監察御史龐案驗竊惟爲政以愛民爲本而愛民以節用爲先蓋財用不節則橫斂交征而公私坐困夫

兩浙自兵興以來公家之賦役日繁閭閻之困若已極若非督察郡縣良有司愛養樽節其何以堪命乎本院自入境以來周諮博訪凡可仰濟時艱少蘇民力莫不隨宜酌處悉已見諸施行其他積弊萬端有難槩舉惟里甲爲甚如供給買辦祇應私衙餽使客禮鄉官夫皂與公私宴會酒食下程無一不取給焉有一日用銀二三十兩者甚有貪鄙官員計其日費不足常數卽令折乾入已因而吏書等役亦各乘機詐索誅求萬狀在在有之就經布政司糧儲道布參政張各該守巡等道就事劑量從宜酌處通行會計各府州縣　每年合用一應起存額坐雜三辦錢糧數目仍量編備用銀兩以給不虞之費俱于丁田內一體派徵名曰均平銀其所定數目固有盈于此而縮于彼未必事事皆中一一周詳若損有餘而補不足因時裁酌隨事通融自足以供周歲之用其餘催徵出納之法供給支應之規俱有成議本院每巡歷所至質之父老萬口同詞率多稱便惟有司官吏多視爲

厲已而欲去其籍若非題奉　欽依著爲成法切恐時異勢殊不無朝令而夕改已經具疏題請奉
聖旨該部看了來說欽此該戶部尚書高等逐款開立前件覆議題奉　聖旨依擬行欽此欽遵擬合刊布爲此案行二道照依案驗內事理卽便會同將各府州縣續議批允增損事宜再行酌議明白徑自改正及將各縣節次批詳由語一併增入逐府類成書册仍行校閱明白一面行布政司動支本院項下贓罰銀兩集工備料刊刷裝釘題曰欽依兩浙均平錄分發三司各道幷所屬府州縣各一體着實奉行永爲遵守等因幷開條款及發由帖票共到道蒙此案照先蒙本院案驗前事備行各道會同將杭州等十一府所屬州縣每年徵解一應錢糧及歲用一應支費備細查出及將款開事件祇兼參伍大率倣傚賦役成規補其闕畧要見某件可因某件可革某件尚有窒礙某件尚未該載大約某縣每年共該用銀若干應否於丁田內一併審派務須卽事稽查因人詢訪參諸

見聞之實定以畫一之規必使合於民情宜於上
裕官民兩便經久可行仍用條分縷析開立款目
以憑裁奪其或於物理人情有不能已者亦要損
益適宜更須稍存盈餘以便遵守等因并粘单款
蒙此就經會同行准守巡各道及據杭州等十一
府各開送所屬州縣里甲額坐雜三辦一應錢粮
文册前來隨該二道會同逐一參酌如原議多者
減之不足者益之不當派者裁之應加徵者增之
與奉發均平錄兩浙政議賦役成規參互條分縷
析造册具由通行呈蒙本院詳批據呈隨事經畫
曲盡損益之宜眞可謂悉心民隱極力相成者郎
查照通行繳又蒙　欽差總督浙直江西軍務巡
撫浙江等處兵部右侍郎兼都察院右僉都御史
劉　詳批據議周悉誠爲苦心但編派之法尤須
斟酌得宜庶民情允協而公務可完及查寧紹二
府開報總兵參將供應廪給等項而杭嘉台溫四
府署不言及或有遺漏仰各道查議務令事體歸
一此繳奉經通行所屬遵照及查將總兵參總供

應等銀各府原派里甲者已議入册其不派里甲者聽該府照舊支册備由呈奉詳批如議行繳今蒙前因又經行准守巡各道并杭州等十一府及查開應增應減及未盡事宜文册前來復該會同備查先册失議今應加派原議不敷今應量增已經詳允遵行加增及原議有餘今應減免并奉文停免者重復細加參酌損益逐一改正明白合行刋布分發永爲遵守施行等因并送各府文册到司准此隨該本司左布政使蔡爲查前項文録事因華所係匪輕茲欲刋布必須專委官監督對讀庶免差悞呈詳允日將各道送到文錄發刋仰郡事丁時滇照式督同吏農用心楷書仍再加覆筭銀數對讀無差方行發匠刋完日仍與原册查對明白刷印分布及送本院詳閱庶事體不致踈畧而文録可垂永久等因具由通行呈蒙按院龎批照詳行繳撫院劉批准照行繳計開

一審編均平丁田俱分守道每年預計合屬州縣里甲未出役三箇月之前定委廉幹官員不拘本衙門及府

佐别州縣正官親行拘集該年里甲人戶與實徵丁粮手册黄册逐戶吊審明實通計合用本年額坐雜三辦一應銀數該若干除官吏舉監生員吏承軍匠竈等項照例優免并逃絶人戶免編外其餘均平科派折田爲丁每丁該銀若干某戶該銀若干一歲應納之數盡在其内完日將審派人戶花名銀兩細數給示曉諭以便輸納及造册繳道以備查考　一給由帖所以一民耳目凡委官審編丁田揭榜之後即照式刊刻由帖每里甲分給一紙使家喻戶曉如丁田銀兩數目不致欺隱遺漏增減如有前弊許諸人告首即問作弊之罪充賞首人各州縣仍置空白簿三扇每扇以百篇爲率送分守道用印一扇發回本縣收掌仍置一大櫃于公堂但遇里甲執由帖赴納均平銀兩就令當堂投櫃封鎖記簿存照仍將由帖註納數目日期掌印官親批完納給還備照不得加取稱頭火耗一扇發領辦吏一扇發該吏大事先期一月其餘先一二日照依原議給銀買辦各登記支應數

月季終造循環簿繳該道查考以防侵尅其收頭及坊里斑頭名色悉行革除　一應務既不役里長支值各須得人每年各州縣輪委各該貫參及候缺吏役以總理買辦立夫馬頭以總理夫馬仍量事勢緩急查撥民壯幇同各役使用其夫馬頭給工食以酬其勞掌印官仍不時查理若有尅減即拿問招詳仍令各置印信簿發與吏役及夫馬頭收執如某官經臨該送某號下程該撥某則夫馬各照本縣發出刊刻小票依數買辦撥送隨將用過銀兩挨日登記間有不收不用者明白註扣還官以備查覈其或上司取辦物件亦令承行該吏領銀照依時值兩平易買送用不許給票指稱官價虧損鋪行　一均平銀兩苟輸納逾時未免支應告匱凡審編丁田之後即委管糧官追徵勒限三箇月以裏完五分半年以裏盡數完納本官仍依期赴分守道報數以憑稽考如限中不完及不親赴該道報數參提問罪住俸候完日開支如里甲特頑不納架號究治　杭州等十一府所屬

州縣額坐雜三辦一應錢粮將原額并近年加增應該起存等項成規開載相同無庸更議者開列于前次將本縣一應支費逐款各開銀數備列于後其間多寡損益俱載本條項下猶恐別有意外之費各照縣分大小酌量另派備用銀兩以給不虞之用總名曰均平銀每年一體徵完應起解者給批解納責限獲批繳照應支銷者收貯縣庫聽候支用其里長止令勾攝公務甲首悉放歸業此外更不許分毫重派以滋別弊

一往年里甲供應各衙日用下程初則買辦共送後則筭取折乾通行裁革不許踵襲舊弊自站官常其分撥坊里赴本府各衙苔應尤爲非法守巡道不時稽查

一仁錢兩縣原設坊頭等役扛擡樽俎名曰火食扛悉已革除其外州縣原非附省雖無奔走之煩然出入跟隨責令供給更有甚于前項之費除遍行禁革外其餘凡係一應供費如下程酒席之類悉議入均平銀內一體派徵

一附郭縣分如遇經過官員供送下程油燭柴炭相沿已久勢所不免

苟不愛惜撙節其於民力何堪今後凡係附府各縣經過使客止許府送下程縣送油燭柴炭其餘州縣亦要酌量經行仍照依議定三等字號票式不得分外妄增廣靡費可革財用自節矣一餽送之禮邇年侈靡相尚因累已極若不著爲成規未免任情濫用今刻定三樣字號票式如係九卿堂上翰林科道等官天字號下程一副酌定用鵝二隻鷄鴨共四隻魚四尾猪蹄二隻京果時果各四色米一斗金酒一罈青菜兩盤油燭十枝柴四束炭二簍部屬寺評中書行人方面副總叅遊都司等官塡給地字號票下程一副酌用鵝一隻鷄鴨共四隻魚二尾猪蹄一隻京果時果各四色米八升時酒一罈青菜一盤油燭八枝柴二束炭一簍運府州縣正官塡給人字號票下程一副酌定用鷄鴨各二隻猪肉一方魚二尾京果二色米五升時酒一小罈青菜一盤油燭五枝柴二束炭一簍如遇使客經過責令管理該吏照數買辦并具字號手本拜帖供送以免下人尅減間有不受如

醃臘未宰并乾果等彷舊收貯其餘有不堪頓放者暑月追原價十分之三冬月追三分之二還官

一宴會已經議有規則約計每席連品物柴燭等項用銀三錢五分其花段看席攢盒戲子俱裁革另刊有書册通行

一夫馬除本省公差真正牌票無容別議外惟使客勘合開有例外增添措勒折乾者各州縣合將應付規則刊印票文預將各夫馬價逐一封貯如遇火牌至日掌印官就便塡給票文令夫馬頭僱覓除親臨上司照牌苔應外如九卿堂上翰林科道等官應付水路座船上水五十名下水四十名平水上下亦俱四十名站船上水二十五名下水二十名平水上下亦俱二十名部屬寺評中書行人進士方面副總叅遊都司等官應付座船上水四十名下水三十名平水上下各二十名站船上水二十名下水十五名平水上下俱十五名運司府佐州縣正官座船上水三十名下水二十名平水上下俱二十名站船上水十五名下水十五名平水上下俱十五名俱照驛

傳道議詳事規縣驛遞共撥此數其陸路人夫馬匹照人照扛驗發若有剋減官價及擅增一夫一馬者罪坐各役與該吏仍追價還官一人夫馬匹有議徵銀在官計日支給者有計程途遠近支給者有議徵給一年工食與人夫并養馬之家有餘不足聽其走差答應者有稱州縣偏僻用馬不多照舊令糧里暫雇爲便不派均平者爲照各州縣地方衝僻水陸險易原俱不同程途遠近差撥煩簡亦自有異是以規則不能畫一如嚴州府之夫又該守巡道更議欲照舊規遞年里甲輪流差撥其間人戸或家道殷實及另有他役情願徵在官與貧寒小民無力辦銀自願服役者俱應俯從其便庶可宜于民情各開具于府縣項下一夫馬頭只令僱覔夫馬其應給工價各掌印官酌定數目先期包封用印鈐蓋取木箱收貯臨期照原封當面散給受覔之人不許落夫馬頭及該吏之手致有扣尅之弊　一各縣差撥河船俱以臨時刷掠量給過關米即令裝送小民愁嘆而出票差

入取船其間費放之弊更有不可勝言者今後通
計每年用過船銀若干就于均平內派徵貯庫若
取船應用即照民間雇覓定價一體筭給不許出
票差人致有騷擾小民不堪其上水下水違差追
差俱聽守巡道酌議定價刊立板榜於埠頭曉諭
通知若有用強取用不照原價許不時赴院道稟
告拿問　一各州縣地方固有衝僻而過客應用
鋪陳亦當置備除有驛遞及不通往來處所外其
餘州縣俱各該派入均酌量多寡置辦年久損壞
請支預備雜用銀兩修補不許累及里甲　一分
巡道三年一次整卷刷卷合用紙劄筆墨共應書
手米菜工食等項俱令動支本道贓罰不必派入
均平如駐劄縣分庫無贓罰者許於所屬州縣查
支解用　一上司□及府州縣官出入合用提
籠照舊坊廂里甲出辦其省城各院兩關屬各驛
供應三司各道府縣俱本衙門在官人役管報並
不用坊里　一祭丁用鹿費雖不多但地方所產
有限若市之不得以牝代牡襲賣尤甚除郡庠照

舊用鹿外其各州縣皆以羊代之至于別項物件有司較定官秤一把臨時委佐貳或首領驗秤齊足交與該學以杜掯勒如該學縱生員吏書人等故意刁難責是名教罪人矣事發師生戒飭連吏書究贓重治 一鄉飲酒禮本敬老尊賢大典近聞濫及匪人及舉城士夫俱備席或折乾分送殊非寧體已經禁革各府州縣悉查照舉行毋容胥濫 一各衙門船隻坐用皆屬各該驛遞掌管小修大修拆造具載成規俱有原額水脚夫銀自後拆造修理各從實估計請詳俱於原額內動支不許賠累里甲及濫報大戶管造 一在外各守巡兵備等道歲用紙劄油燭柴炭及士大夫交際下程酒席等項俱動支該道項下贓罰照數行府取發驛劄縣分收候買辦其原編銀數仍舊派徵以備紙贖不足便於內支用若或有餘即留充該縣公費 一各府州縣等官日用紙劄心紅油燭等項俱議有定數許支自理紙贖應用但邇來贓罰多寡不齊難以取必仰各該府州縣掌印官計算

每年府若干州縣若干府官應支之數派各縣均辦每季先自理紙贖如不足用方許于本項下動支　一上司登岸出道擡扛卷箱如兵備道有臨捕團操兵就令供役其餘無者俱該驛募夫答應如上司按臨扛擡水薪敵柳直宿等項俱用聽事民壯不得擅擾地方火夫及另支銀僱募如經臨合送皂隸若迎新行事者許照舊規開送內外二斑如或經過停宿晝夜止撥一斑迎來送往不必另送外斑至于祭祀及辦送下程宴席俱撥民壯扛擡　一上司按臨并府州縣官陳設酒席鄉飲等項合用椅桌臺幃磁器通照坊里丁粮審派均平銀兩在官估計合用物件酌量置辦所置器皿送縣號記貯在一處即給簿一扇委該吏掌管役滿呈鳴交與下手缺失者賠償損壞即支輪年均平修補搬運人夫合用民壯各隨宜撥用其官取用物件間有稍匿不肯發出者掌官之人亦要登時稟明掌印官註簿繳道查究他若考試閱操等項合用椅桌搭廠竹木棚纜之類亦于均平銀內

支用置辦事畢變價還官存候別用不許辦告舖行致有虧損　一兵備道駐節處所犒賞獲功員役合用花紅公費俱動支原派兵餉錢粮應用不派均平其經臨上司中火有驛遞者驛遞答應無驛遞者該州縣相度六十里以上設中火一二日之程設宿食俱派定均平中火銀支用　一各衙門打掃刻草等項俱用本衙門跟隨皂快及民壯等役不許擅用地方火夫致妨生理查得各府州縣有責令地方夫上宿守監及撮取短夫扛擡物件者最為小民之害已經嚴刻榜諭禁革聽坊里不許濫行拘役況火夫乎　一雜辦款目頗多必須分別包封另箱收寄如遇其項應用卽于原款包內動支仍于原登簿內前件下開寫於某日支取若干作為某用明白註銷以備查考庶免影射侵匿捏開小民拖欠復累該年里長如或官遷更替各要一一交盤申請守巡道清查無弊各批詳允方許離任起送若支有餘剩俱聽申明以抵別項公費支銷　一議定規則甚欲永為遵守但時

有變遷事有損益各項之中用或羨餘聽其裁長
補短貯候奏支此又通融之法也間有意外之費
有司或難于聞報及一切士大夫交際等項果係禮
不可廢議不容已者許以備用銀內動支倘有不
敷就于該州縣自理贓罰銀兩一面詳支應若
有復派里甲者官以不職論吏究贓重治各有司
若能着實舉行不惟生民有賴而官亦賴以成令
名矣　一里甲均平之法非出本院一人謬見實
賴賢明司道及各該良有司講求考訂更數月而
後成相與早作夜思苦心區畫無非仰體　朝廷
勤恤民隱至意若不藐爲空談願舉而力行之今
後各衙門塡註府州縣掌印官考語須于賢否冊
內明註有無遵奉均平以驗其行事之實若或故
違即是賊民自奉非爲衣冠大蠹矣秉筆查覈者
各宜曲加廉察毋使貪鄙之人得欺世盗名也若
候小民訐發豈惟有蒙而恐恥不能苟容而監臨
督察者皆不能無愧本院亦與有其責故復以此
申告　均平由帖某縣爲節冗費定法守以蘇里

甲事今遵奉題准均平事理出給由帖備開年分應徵應派銀數付照仰速照依正數辦完送縣交納當堂投櫃即將由帖塡註納銀數目日期掌印官親批納完二字用印鈐蓋付還備照並不許分外加取稱頭火耗里長在官勾攝甲首悉放歸農毋違須至出給者本縣該派均平銀若干嘉靖四十年分通縣人田共折丁若干每丁派銀若干一戶人丁田丁折丁若干共派銀若干本年某月某日照數赴縣納完訖右給付某執照均平之徵其後并入條鞭中則此帖可廢

均徭考

為懇
恩比例均平徭役等事蒙巡按浙江監察御史龐批發會稽上虞等縣耆民里遞單球徐應元等各呈前派徭役情詞俱蒙批仰府查議速詳等因為查各項銀力二差通融徵銀募當民皆稱便今蒙行仰再議停妥遵依覆查得各該徭役除巡鹽應捕先議徵銀抵課免僉前役止僉民壯弓兵巡緝恐難濟事已該知府楊又議將各縣派徵銀兩仍照額名數選募勤實之人承實充當捕役分布行

鹽地方晝夜常川巡獲船鹽人犯不許縱放違則
從重問遣備由呈兵巡道覆議轉呈外其餘各項
銀力差役再三斟酌細加博訪輿情委果稱便均
派徵銀募當並無容得實係經久可行通將山嵊
二縣原開條款并會蕭諸上新五縣各該類僉徵
役酌量輕重議派銀數俱各逐款聲說明白開具
手冊備申前來據此會看得均徵舊例原分銀力
二差蓋其立法本意銀差所以待貧民而力差以
待富室也法非不善但力差中間重輕難易頭緒
甚多故富民多方謀爲就輕避重吏胥得緣爲奸
飛詭百出每每偏累不公故民多願通融徵銀僱
募承役如餘姚一縣先經會議將銀力二差比照
江福直隸等處通融派銀隨粮帶徵僱人承役人
皆稱便今山會蕭諸上新嵊七縣既願一體施行
當酌處以慰民望隨將該府各款所議各項差役
分别輕重難易於原定役銀之外量增銀數并通
融徵派事宜各道逐一細加查閱詳議明白令無
候呈詳允日備行該府行各縣議定事宜通行各

縣着實遵行永爲定規仍出示曉諭軍民人等知悉爲此按仰本府官吏照案事理即將議開徭役銀兩數目轉行各縣逐一查照遵行各將役銀數目挨序造完書册每道各一本本府縣各存一本備查仍將前項均徭役銀總數造入格眼循環內送比每年終各將徵完解給過役銀幷餘剩扣存各銀俱明白造册送守道查覆各具遵行過日期緣由幷不違依准中來繳查

條鞭考

浙江布政使司分守寧紹台道左參議崔劄付奉撫按二院批呈前事查行各縣奉行一條鞭派徵收納比照餘姚縣行有成效事例俱申奉各院批行布政司該署印左參政劉會同按察司幷守巡各道議得錢糧之繁重莫有過于兩浙而徵解之奸弊亦莫甚于兩浙葢其初也收納不得其法其旣也解運不得其人訪得各州縣每遇派徵之際率于糧里之中逐項僉定收頭未爲不可而積年棍徒多方謀爲包攬一得收受百計侵漁趲前那後移新補舊其弊不可勝言是以山陰等縣皆欲舉

行一條鞭之法無非刬剔積蠧以寬裕軍國之需且徵解錢糧事關通省不獨山會等縣為然通行議處查照餘姚縣一條鞭之法行令各州縣將各該徵夏稅秋糧鹽米等項攢為一總內除本色米麥某項某價照舊上納外其折色某項各若干每石折銀若干通計銀若干槩縣田地若干每畝該實徵銀若干共該銀若干其均徭里甲三辦均平等銀亦攢一總某項各該銀若干通計銀若干然後查槩縣田地山若干人丁除照例優免外見在若干每丁該銀若干用地山各若干每畝該徵銀若干共該銀若干二總應徵銀兩再筭每田地山一畝該銀若干每丁該銀若干連前項正銀通該若干編派已定仍行照數備細造冊一本開寫榜文一道申送分守道查議明白果無差錯關防印記發回將榜文張掛曉諭百姓通知一面查造冊籍逐戶塡給由帖用印鈐蓋着各里遞分給各里人戶照帖承辦依期付納此一條鞭派徵之法也於收納之際每縣查照由帖造收納文冊一本用

印鈐蓋置立木櫃一箇上開一竅可入而不可出
者仍酌量縣分大小都圖多寡縣小者一簿一櫃
縣大者二簿二櫃或三四隨宜曲處每櫃選實歷
吏中之謹慎者一名糧長中之殷實者一名糧
經收每次印給收票一百張私記小木印一箇本
櫃置于縣堂上聽令各該里遞帶領納戶親付委
納先是吏與糧長公同查對簿內及由帖總戶本
名下丁糧折銀數目實該若干糧同無差臨即驗
銀足色全銀足數眼同包封上寫某里某甲納戶
某人銀若干仍着納戶將簿內本名塡寫某月某
日交納足數訖下註花字為照吏同糧長將納完
銀數塡入發票內某月某日吏某人糧長某人公
同驗納訖亦註花字為照銀令納戶自行投櫃並
不許吏與糧長經手如有加收重稱刁難勒索者
許自將票告究治每十日掌印官同管糧官及經
收吏役糧長開櫃清查一次照簿對封驗銀數果
無差總算該銀若干拆放一處務爲兩准作一封
暫寄官庫以待臨解領鞘另貯一匣另置印簿二

易登記每次清查銀數又行另選吏一名粮長三
名如前經收十日清查此一條鞭收納之法也如
遇某項錢粮應解將前寄庫銀兩照簿內收過日
期挨次順支若干應貼路費銀若干當堂傾錠封
付解人凡銀至五百兩以上差佐貳官首領官三
百兩以上差殷實聽缺吏一百兩以下差殷實粮
里查照貼解銀數給與使費解送至府轉文呈司
交納責限納獲批廻銷繳俱不許再僉收頭解戶
等項名色此官解銀兩之法也此法旣立諸弊盡
革官府徵收截然有一定之規百姓輸納曉然無
科索之患具呈本院奉批據議派徵收納管解之
法甚爲詳悉但遵行在各州縣督行在各守巡兵
海等道而提綱挈領責在該司仰司卽如議轉行
各該駐劄道分就近催督舉行仍取各縣派徵過
錢粮數目多寡緣由備造書册送本院及該司道
查考又蒙巡按察院王　批據會議事爲定妥詳
盡矣卽依擬通行查照施行此後有司官員務須
永爲遵守加意小民切無爲一己念之私輒輕更

變致使良法美意徒爲紙上之空談可也繳隨該本司通行備咨到道就經轉行所屬寧紹台三府督着速行各縣務要查照前項議定事規將錢粮總數攢造書册徑送本院查考着實舉行以上規法自隆慶三年爲始遵行至今查議解銀路費續奉文裁革訖又於萬曆五年奉紹興府爲申明實徵由帖以便輸納事蒙布政使司劄付又奉粮儲道漕務道左叅政滕牌而奉督撫部院徐憲牌前事照得該府屬縣將稅粮均平均徭錢粮及應免員役俱不依期清審止照舊册朦朧編派又不填給由票以致差訛增減里遞人戶不知錢粮數目深屬未便劄行該府轉行各該縣將該年分稅粮查明應徵本折額數均平均徭備查額編額派數目次將應科田地山土并該辦平徭田產人丁照例優免及事故開除之數一一算明不得厘毫有差造成底册送府細覈無差類送粮儲道編置由票呈送閱過發縣刊刻用荆川簾紙刷印即將人戶丁粮應納某年分稅平徭銀數備細填註票內

司印鈐蓋遞給里遞使家喻戶曉以便照網每年預期造册申送編置由票永爲遵守其由票紙箚准於該縣衙用銀內每一十里動支銀一兩自萬曆五年爲始奉行以來徵輸無則簿移里胥之弊日玄增減懸虛牽難稽者萬曆卅一年四月知縣朱維藩始將由票內所派某年分稅平徭三項錢糧平夏兼縣差册逐里丁産照則科算總計一歲應輸銀數分爲四限置立限簿首列由票內派槩縣丁産額銀之數次將每里該限之銀一里一票限爲一帙印鈐收掌在官另立限单照依簿式將十遞歷年錢粮填註明的發仰里長收執催納每遇完時責令里長將各遞該限納銀官票類送查筭將完過銀數躬親填註簿单各該限下比完將完單仍撿里長原簿封候俱每限下查比庶官便於稽查民便於輸納且一年一册始終不易規則可一而虞之宿弊以清自後總計一歲應輸銀數正分三限近以比折金花銀緊急預徵十分之一後仍分三限亦爲四限但戶産向無由票里胥得

以增減奸究得以盜賣或重行典賣會縣令胡
大造圖籍查實田地池塘每號刊印由票一紙發
業戶收執照數輸糧或賣産得價連票授受以杜
增減盜賣等弊其納銀官票令徐侯置令同號票
分爲二紙遇比限時里長執票驗合無差并限内
應輸銀足數無欠將號票一留官一付納戶收執
法愈精而
愈密矣

稟縣田地號數

禰康熙七年十月奉　旨清丈田土總督趙公下檄
各屬邑邑侯許公弘道遵行之其丈量法有收長
有號長有弓手有縣總有都總而虞邑册塌廢壞
之畝得稍清爲田地之號依舊編新山池蕩瀝仍
舊今編審届期圖册未定督撫藩　臬司會檄行
紳衿自運之法以便民不泣里長摘戶長輸糧完
課良法美意甚盛
奉也方議奉行

壹都 天一里 地二里 元三里 黄四里
宇五里 宙六里
貳都 洪一里 荒二里 日三里 月四里
盈五里 昃六里
叁都 辰一里 宿二里 列三里 張四里
寒五里 來六里 暑七里 往八里
秋九里
收十里
肆都 冬一里 藏二里
閏三里
伍都 餘一里 成二里 歲三里
律四里 呂五里
陸都 調一里 陽二里 雲三里
騰四里 致五里
柒都 雨一里
露二里
捌都 結一里 爲二里 霜三里 金四里
生五里 麗六里 水七里 玉八里

玖都 出一里 崑二里 岡三里 劒四里
號五里 巨六里 闕七里 珠八里
稱九
里

拾都 夜一里 光二里 果三里 珍四里
李五里 柰六里 菜七里 重八里
芥九里 薑十里 海十一里
十二里 河十二里 淡十四里

拾壹都 鱗一里 潛二里
羽三里 翔四里

拾貳都 龍一里 師二里 火三里
帝四里 鳥五里

拾叁都 官一里 人二里
皇三里

拾肆都 始一里 制二里 文三里
字四里 乃五里

拾伍都 服一里 衣二里
裳三里 推四里

拾陸都　位一里　讓二里

拾柒都　國一里　有二里　虞三里

拾捌都　陶一里　唐二里　弔三里

拾玖都　民一里　伐二里　罪三里

貳拾都　周一里　發二里　商三里　湯四里

貳拾壹都　坐一里　朝二里　問三里　道四里　垂五里　拱六里

貳拾貳都　平一里　章二里　愛三里　育四里　黎五里　首六里　臣七里　伏八里　戎九里　羌十里

貳拾叁都　遐一里　邇二里　壹三里　體四里　率五里　賓六里

歸七里　王八里　鳴九里
鳳十里　在十一里　竹十二里
白十三里
駒十四里

鎮都　食一里
場二里

坊都　化一里　被二里　草三里　木四里
賴五里　及六里　萬七里　方八里
蓋九里
此十里

量田均則考

為丈田畝清浮根以避民困事萬曆十年二月十三日蒙本府牌面奉蒙分守道左參議唐牌面該蒙督撫軍門吳各憲牌前事備行仰縣速將丈過田地山蕩等項同經知書筭星夜磨筭務查原額與失額及今次丈出等項各款的數明白攢造完備責差經知書筭賫帶底冊解府轉解等因蒙此依蒙該本縣知縣朱　查得本縣田土嘉靖四十一年間署縣事本府通判林

請丈太速致缺額田二十七頃二十五畝五分九毫地一百七頃四十八畝四分五厘蕩四十二畝二分三厘八毫瀝三畝二分八厘二毫比將見在實田每畝浮加七毫與地蕩瀝分別上中熟患等第原少地亦於原量實地內各通融起徵稅糧另官沙地九頃六十四畝五分一厘一毫但前地原坐臨曹娥沿江漲潤不常計利已倍民地原派稅糧較諸民地不同似難一則均平其官山一百五十九頃九十八畝九厘三毫原未丈量故累歲將此二項向照額數派徵在卷今蒙前因查將合欵丈量已該署縣事本府通判楊　丈計本縣田土通共實數八千九百四十三頃五十七畝三厘四絲於內除補水衝沙壓田土一百五十九畝又補洪武原額并先浮加少額田土一萬三千九百九十七畝四分九厘九毫七絲淨多餘田土三千一百八畝二分一厘七絲遵照原蒙部式後經議允官民均爲一則今將查過田土額數緣由批差經承書筭責賫底册前赴告投理合具申伏乞照驗

施
行

按嘉靖間島倭爲變軍興調發無時羽檄旁午其
以館夫支應者中人之產一日而立盡如沃雪談
之可爲寒心迨事稍靖而編審之法猶故馳傳之
禁未嚴貴宦家子弟席勢挾不逞騷脅驛遞若巨
盜有司視爲常例置不問當是時十戶九空鬻田
者以減值得售爲幸一何辜也廼今鞭法行而費
出於官百役具受約束毋敢濫支於是力田本富
者始息肩矣覽戶口田賦於虞者若何而頻耗若

何而休養可不知所自乎已上存舊以備稽考

皇清欽定上虞賦役全書

順治十四年奉文全書額款裁減銀數

存留內裁

本府進　表委官盤纏裁半銀七錢四分

官員經費俸廩內裁

本府知府俸銀一百五兩　心紅紙張銀五十兩

俱存支外裁薪銀皁幃傘扇銀二十三兩四

分四厘

本縣知縣俸銀四十五兩　心紅紙張銀二十兩
俱存支外裁薪銀油燭傘扇銀三十兩四錢
九分　縣丞俸銀四十兩存給外裁薪銀八
兩三錢二釐
生員廩糧裁三分之二銀一百二十八兩
驛站內裁
上司并公幹官員辦送下程油燭柴炭全裁銀一
百三十兩祭祀賓興內裁
門神桃符全裁銀一兩五錢　鄉飲酒禮裁半銀

八兩　提學道考試搭蓋篷厰裁半銀一兩

一錢　歲考生員試卷果餅激賞花紅紙劄

筆墨并童生果餅進學花紅裁半銀三十九

兩五錢　季考生員試卷果餅激賞花紅紙

劄筆墨等項裁半銀三十兩五錢

雜支内裁

黄家堰巡司弓兵八名原額銀五十七兩六錢裁

半該銀二十八兩八錢内巳裁銀九兩六錢

今裁銀一十九兩二錢　廟山巡司弓兵一

十一名原額銀七十九兩二錢裁半該銀三十九兩六錢內已裁銀一十三兩二錢　裁銀二十六兩四錢　梁湖壩廵司弓兵一十名原額銀七十二兩裁半該銀三十六兩內已裁銀一十二兩今裁銀二十四兩　各渡渡夫一十四名裁半銀二十八兩四錢內青山渡二名　嵩陡渡一名　梁湖渡三名　杜舖渡二名俱每名裁銀二兩五錢　上浦渡一名　百官渡二名俱每名裁銀一兩八錢　丁村渡一名　沐憇渡一名俱每名裁銀一兩

備用銀内扣撥枲司進　表水手裁半銀七
錢五分
孤貧五十八名柴布全裁銀三十四兩八錢
孤貧口糧全裁銀一百八兩八錢
以上共裁銀七百五十三兩五錢一分六
釐
原額田三千九百七十八頃一十四畝九分六釐
八毫内
上患田三百七十九頃四十四畝一分四釐三毫

每畝原徵銀七分六厘五毫今實徵并九厘等銀一錢九厘九毫該銀四千一百七十兩六分一厘三毫一絲五忽七微每畝今徵米四合五勺該米一百七十石七斗四升八合六勺四抄三撮五圭

中患田六百九十六頃三十畝九分五厘七毫　每畝原徵銀七分七厘三毫今實徵并九厘等銀一錢一分一厘一毫該銀七千七百三十五兩九錢九分九厘三毫二絲二忽七微每畝今徵米四合七勺該米三百二十七石二斗六升五合四勺九抄七撮九圭

繫田二千八百三頃九十畝二分六厘一毫　每畝原徵銀七分八厘五毫今實徵并九厘等銀一錢一分三厘一毫該銀三萬一千七百一十二

兩一錢三分八厘五
毫一絲九忽一微
每畝今徵米四合七勺七抄該米一千三百
三十七石四斗六升一合五勺四抄四撮九
圭七
粟
破罔等畈患田三十六頃二十一畝六分每畝原徵銀六
分六厘三毫今實徵并九厘等銀九分五厘
四毫該銀三百四十五兩五錢六毫四絲
每畝今徵米四合一勺該米一十
四石八斗四升八合五勺六抄
例不起耗竈田六十二頃二十八畝七毫每畝原徵銀七
分七厘三毫今實徵并九厘等銀一錢一分
一厘一毫該銀六百九十一兩九錢三分一
厘五毫七絲七忽七微　每畝今徵米四合
七勺該米二十九石二斗七升一合六勺三

抄二撮
九圭

原額地八百三十項一十九畝三分二釐四毫　每畝原徵銀一分一釐今實徵并九釐等銀一分五釐七毫該銀一千二百六十九兩四分五釐三毫一絲九忽二微　每畝今徵米六勺該米四十八石一斗九升一合五勺九抄四撮四圭

原額山四千九十八項八十七畝五分三釐七毫　每畝原徵銀二釐九毫今實徵銀四釐二毫該銀一千七百二十一兩五錢二分七釐六毫五絲五忽四微　每畝今徵米二勺該米八十一石九斗七升七合五勺七抄七撮四圭

原額學山三十項八十五畝　每畝原徵銀一釐一毫今實徵銀一釐六

毫該銀四兩九錢三分六厘 每畝今徵米一勺該米三斗八合五勺

原額蕩五頃五畝六分九厘八毫 每畝原徵銀三分五厘今實徵銀五分三毫該銀二十五兩三錢八分六厘三絲九忽六微 每畝今徵米二合一勺該米一石六升一合九勺六抄五撮八圭

原額池塘瀝共二十七頃五十畝一分四厘四毫

每畝原徵銀四分二厘二毫今實徵銀六分六毫該銀一百六十六兩六錢五分八厘七毫二絲六忽四微 每畝今徵米二合五勺該米六石八斗七升五合三勺六抄

原額戶口人丁三萬五千六百八十二丁口內市民人丁四千七百九十口 每口原徵銀一錢五分四厘該銀七

百三十七兩六錢

六分今實徵同

人口二千九百六十口每口原徵銀一厘四毫該銀四兩一錢四

分四厘今

實徵同

鄉民人丁一萬六千六百一十五口每口原徵銀二一

錢五分八厘五毫該銀二千六百三十

三兩四錢七分七厘五毫今實徵同

人口九千四百六十三口每口原徵銀七厘七毫該銀七十二

兩八錢六分五厘

一毫今實徵同

竈丁一千八百五十四口每口原徵銀七厘七毫該銀一十四

兩二錢七分五厘

八毫今實徵同

以上地畝人丁共科銀五萬一千三百五兩六錢七厘五毫一絲五忽八微内除優免銀八百一十五兩二錢七毫外實該科銀五萬四百九十兩四錢六厘八毫一絲五忽八微　共科米二千一十八石一升八勺一撮六圭五粟

起運

戸部項下折色

夏稅

京庫折銀麥一千一百二拾六石五斗六升五合
每石折銀二錢五分該銀二百八十一兩六
錢四分一厘二毫五絲每兩滴珠路費二分
七厘該銀七兩六錢四厘
三毫一絲三忽七微五塵

農桑折絹九疋二丈五尺七寸八分全折坐派銀二兩八厘五
毫六絲二忽五微每兩路費一分該銀二分
八絲五忽六微二塵九渺原解江南今改解
京

秋糧

京庫折銀米七千八百七十石八斗八升每石折銀二錢
五分該銀一千九百六十七兩七錢二分每
兩滴珠路費二分七厘該銀五十三兩一錢

二分八厘
四毫四絲
派剩米四百二十五石二斗七升六合六勺內米一百
八十四石六斗五升五合七勺六抄九撮每
石折銀七錢該銀一百二十九兩二錢五分
九厘三絲八忽三微又米二百四十石六斗
二升八勺三抄一撮每石折銀六錢該銀一
百四十四兩三錢七分二厘四毫九絲八忽
六微二共銀二百七十三兩六錢三分一厘
五毫三絲六忽九微每兩路費一分二厘該
銀三兩二錢八分三厘五毫七絲八忽四微
四塵二
渺八漠
折色蠟價銀二百二十五兩五錢一分九厘一毫
每兩路費一分該銀二兩二
錢五分五厘一毫九絲一忽

富戶銀一十兩每兩路費一分該銀一錢

昌平州銀四兩每兩路費一分該銀四分于備用銀內扣解

芽茶四十斤一十四兩五錢六釐原額芽茶一百一十三斤三兩一錢內順治十年六月會議改徵折色實該前數每斤價銀一錢二分該銀四兩九錢八釐七毫九絲五忽每兩路費一分該銀四分九釐八絲七忽九微五塵

葉茶七十八斤五兩三錢每斤價銀四分該銀三兩一錢三分三釐二毫五絲每兩路費一分該銀三分一釐三毫三絲二忽五微

黃蠟一百九十一斤八兩七錢五分五釐原額黃蠟二百五十斤五兩六錢六分內順治十年六月內會議改徵折色實該前數每斤價銀三錢四

分該銀六十五兩一錢二分六厘四絲三忽七微五塵每兩路費一分該銀六錢五分一厘二毫六絲四微三塵七渺五漠

原解江南藥價銀四錢五分三厘三毫津貼路費銀九分六毫六絲

南部柴薪皂隸銀八十六兩一錢路費銀八錢六分一厘遇閏加銀七兩路費七分

直堂把門隸兵等銀二十兩六錢每兩路費銀一分該二錢六厘

顏料改折價整杠解路費共銀二百四十五兩六

錢五分六毫七絲二忽一微一塵二渺五漠

丙順治十年

六月內奉

旨會議改徵折色銀硃三十三斤一十一兩二錢八分每斤價銀二兩九錢六分鋪墊一錢二分　貳硃一十三兩四分每斤價銀三錢鋪墊一錢一分　烏梅四十七斤六兩八錢八分每斤價銀四分鋪墊一分一厘　黑鉛一十七斤一十四兩八錢六分每斤價銀七分鋪墊一分一厘　五棓子九斤七兩五錢七分二厘五毫每斤價銀七分鋪墊一分一厘　生漆一百八十三斤六兩七錢五分五厘每斤價銀二錢鋪墊一分一厘　嚴漆改派生漆一百一十三斤六兩八錢五分每斤價銀二錢鋪墊一分六厘　嚴漆一百七十斤二兩六錢七分五厘每斤價銀二錢四分鋪墊一分六厘　黃蠟三十三斤九錢三分二厘五

毫每斤價銀三錢二分鋪墊一分六釐要長
熟銅五斤九錢四分每斤價銀一錢一分三
釐鋪墊一分六釐　桐油五十三斤九錢四
分每斤價銀六分鋪墊八釐　水牛角五副
每副價銀九錢五分鋪墊六分四釐　以上
通共正價銀二百二十三兩一錢二分六毫
四絲三忽四微三塵七渺五漠原額鋪墊銀
一十三兩四錢四分六釐九毫七絲四忽八
微四塵三渺七漠五埃原額解扛銀九兩八
分三釐四絲四忽九微三塵一渺二漠五埃
今徵折銀三項俱每兩加路費一分該銀二
兩四錢五分六釐五毫六忽六微三塵二渺
一漠二
埃五纖

鹽鈔

額鈔一二百五十八錠三貫該銀一兩四錢七分七

厘八毫九絲九忽　折色銅錢二千五百八十六文該銀三兩六錢九分四厘二毫八絲五忽七微一塵四渺三漠俱每兩路費一分二厘該銀六分二厘六絲六忽二微一塵六渺五漠七埃一纖六沙

有閏加鈔二十一錠一貫七百五十文該銀一錢二分三厘一毫五絲八忽二微五塵

折色銅錢二百一十五文五分該銀三錢七厘八毫五絲七忽一微四塵二渺八漠二項共加路費銀五厘一毫七絲二忽一微八塵四渺七漠一埃三纖六沙

九釐銀七千五百九十七兩二錢三分八毫九絲

每兩路費七釐該銀五十三兩一錢八分六毫一絲六忽二微三塵

以上戶部項下折色共銀一萬七百九十二兩八錢九分五釐五毫七絲六忽七塵六渺八漠

路費共銀一百二十四兩二分一毫三絲八忽七微八塵三渺九漠九埃六纖六沙

禮部項下折色

牲口銀四十二兩每兩路費一分該銀四錢二分

藥材折色銀一十一兩八錢七厘五絲三忽津貼路費銀五兩九錢三厘五毫二絲六忽五微內扣解包裹紅黃紙價銀二錢九分三厘六絲二微五塵

光祿寺果品銀二十兩一錢

菉笋銀六兩四錢六分七厘八毫二二項銀每兩路費一分該銀二錢六分五厘六毫七絲八忽

以上禮部項下折色共銀八十兩三錢七分四厘八毫五絲三忽　路費共銀六兩五錢八分九厘二毫四忽五微

工部項下折色

白硝麂皮三張每張價銀六錢該銀一兩八錢奉文留省織造局庫支用

雕塡匠役銀四兩二錢五分九厘六毫每兩路費一分該銀四分二厘五毫九絲六忽　遇閏加銀三錢五分四厘四毫路費銀三厘五毫四絲四忽

桐油四百五十一斤一十三兩七錢六分原額桐油九百三斤一十一兩五錢二分奉文本折中半折色實該前數每斤價銀二分三厘七毫五絲該銀一十兩七錢三分一厘六毫七絲五忽每斤墊費八分該銀三十六兩一錢四分八厘八毫二共銀四十六兩八錢八分四毫七絲五忽今徵折銀每兩加路費一分該銀四錢六分八厘八毫四忽七微五塵

漆木料銀五兩二錢六分八厘八毫

弓改牛角二百三十副 原額每副二錢九分順治三年五月內奉文改徵折色又于十二年正月初五日奉文每副增銀二兩七錢一分共該銀六百九十兩每兩路費一分該銀六兩九錢

箭二千九十一枝 原額每枝價銀一分八厘順治三年五月內題准改解折色每枝增銀八分二厘共該銀二百九兩一錢

弦一千一百五十三條 原額每條價銀五分四厘順治三年五月內題准改解折色每條增銀四分六厘共該銀一百一十五兩三錢

胖襖褲鞋四十九副三分六厘二毫七絲 原額每副價銀

一兩五錢順治三年六月內奉文改徵折色
每副增銀一兩二錢共該銀一百三十三兩
二錢七分九
釐二毫九絲
四司工料銀四百五十一兩
歲造段疋銀五百三十兩一錢八分三釐四毫遇閏
加銀二十六兩一錢八分二釐八毫二絲六
忽五微六塵一渺四漠二項解司織造段疋
支
用
軍三軍器并路費銀一百七兩九錢八分八釐七
毫內辦盔甲腰刀七副六分二釐七毫七絲
四忽六微一塵五渺三漠八埃四纖六沙
盔每頂價銀三兩五錢甲每副價銀七兩五
錢腰刀每口價銀二兩共該價銀九十九兩

一錢五分七毫路費銀八兩八錢三分八釐
係原額銀三十一兩二錢五分四釐路費銀
八兩八錢三分八釐順治三年五月奉文增
銀六十七兩八錢九分六釐七毫內支辦
軍器民七銀二百二十七兩九錢五分一釐九毫
內辦盔甲腰刀一十七副五分三釐四毫七
絲六忽一微五塵三渺八漠四埃六纖一沙
盔每頂價銀三兩五錢甲每副價銀七兩五
錢腰刀每口價銀二兩共該價銀二百二十
七兩九錢五分一釐九毫內原額銀七十一
兩八錢四分七釐六毫順治三年五月奉文
增銀一百五十六
兩一錢四釐二毫
軍器路費銀六兩七錢五分九釐二毫
以上工部項下折色共銀二千五百二十

九兩七錢七分一厘三毫六絲五忽路費
銀七兩四錢一分一厘四毫七微五塵
戸部項下本色
顔料本色銀硃二十二斤八兩原額銀硃五十六斤三兩二錢八分丙十年奉
旨徵本色銀硃二十二斤八兩每斤原價銀四錢六分鋪墊一錢一分
賦硃七斤八錢原額賦硃七斤一十三兩八錢丙十年奉
旨徵本色賦硃七斤八錢每斤原價銀一錢五分鋪墊一錢一分
烏梅一十五斤原額烏梅六十二斤六兩八錢八分丙十年奉

旨徵本色烏梅一十五斤每斤原
價銀二分鋪墊一分一厘
黑鉛二十一斤原額黑鉛三十八斤一十四兩八錢六分內十年奉
旨徵本色黑鉛二十一斤每斤原價
銀三分五厘鋪墊一分一厘
五棓子二斤一兩五錢八分七厘五毫原額五棓子一十一斤九兩一錢六分內十年奉
旨徵本色五棓子二斤一兩五錢八分七厘五
毫每斤原價三分五厘鋪墊一分一厘
生漆一十斤九兩五錢二分五厘原額生漆一百九十四斤二錢八分內十年奉
旨徵本色生漆一十斤九兩五錢二分五厘每斤原
價一錢鋪墊
一分六厘

嚴漆改派生漆六斤九兩一錢五分原額漆一百二十斤内十年奉
旨徵本色嚴漆六斤九兩一錢五分每斤原價一錢鋪墊一分六釐

嚴漆九斤一十三兩三錢二分五釐原額嚴漆一百八十斤内十年奉
旨徵本色嚴漆九斤一十三兩三錢二分五釐每斤原價一錢二分鋪墊一分六釐

黃蠟一十斤二兩三錢八分七釐五毫原額黃蠟四十三斤三兩三錢二分内十年奉
旨徵本色黃蠟一十斤二兩三錢八分七釐五毫每斤原價一錢六分鋪墊一分六釐

黃熟銅二十二斤八兩原額銅二十七斤八兩九錢四分內十年奉

旨徵本色熟銅二十二斤八兩每斤原價一錢一分三釐鋪墊一分六釐

桐油一百三十六斤八兩原額桐油一百八十九斤八兩九錢四分內十年奉

旨徵本色桐油一百三十六斤八兩每斤原價三分鋪墊八釐以上顏料通共正價銀二十三兩六錢七分四釐三忽九微六渺二漠五埃鋪墊銀五兩七錢一分五釐九毫七絲八忽九微六渺二漠五埃每正價一兩給扛解路費銀一錢二分該銀二兩八錢四分八毫八絲四微六塵八渺七漠五埃每年于二月間督撫確估時價題明造入易知由单徵銀辦解

黃蠟五十八斤一十二兩九錢五釐原額黃蠟二百五十斤五

兩六錢六分內順
治十年六月內奉
旨仍徵本色黄蠟五十八斤一十二兩九錢五厘每
斤料價銀一錢七分該銀九兩九錢九分七
厘一毫一絲五忽
六微二塵五渺
芽茶七十二斤四兩五錢九分四厘原額芽茶一百一十三斤
三兩一錢內順治十年六月內奉
旨仍徵本色芽茶七十二斤四兩五錢九分四厘每
斤料價銀六分該銀四兩三錢三分七厘二
毫二絲七忽五微二項于每年二月間督撫
確估時價　題明造入
易知由单徵銀辦解
以上戸部項下本色共銀三十八兩八厘
三毫四絲七忽三塵一渺一漠五埃鋪墊

扛解路費銀八兩五錢五分六厘八毫五絲九忽三微七塵五渺

禮部項下本色

藥材料價正銀三兩四錢一分九厘九毫七絲七忽 內辦本色紫石英四錢三分三厘七毫 黃藥子三斤九兩八錢三分二厘二毫 牡丹皮三斤三兩一錢七分七厘 南星一十二斤七錢七分 半夏一十二斤七錢七分 白芍藥三十六斤二兩三錢二分二厘 茯苓一十八斤一兩一錢六分一厘 吳茱萸一斤三兩二錢七分七厘 天門冬一斤三兩二錢七分七厘 猪牙皂角九兩六錢三分八厘五毫 津貼路費銀一兩七錢一九厘九毫八絲八忽五微辦料解司轉解

以上禮部項下本色銀三兩四錢一分九
釐九毫七絲七忽　路費銀一兩七錢九
釐九毫八絲八忽五微

工部項下本色

桐油四百五十一斤一十三兩七錢六分　原額桐油九百
三斤一十一兩五錢二分奉文本折中半本
色實該前數每斤價銀二分三釐七毫五絲
該銀一十兩七錢三分一釐六毫七絲五忽
每斤墊費八分該銀三十六兩一錢四分八
釐八毫辦料
解司轉解

以上工部項下本色銀一十兩七錢三分

一厘六毫七絲五忽　整費銀三十六兩

一錢四分八厘八毫　以上起運各部寺

銀一萬三千四百五十五兩二錢一厘七

毫九絲三忽一微八渺五埃　路費銀一

百八十四兩四錢三分六厘三毫九絲一

忽九微八渺九漠九埃六纖六沙

漕運官丁本折月糧

貢具銀七十一兩三錢八分九厘九毫二絲七忽

三微七塵

運官廩工銀六百二十二兩八錢

領運官丁新收月糧本色米二千一十七石六斗

月糧米折銀四千二百九十兩　原額廣盈倉折色米一萬

九千二十一石九斗七升一合五

勺二抄五撮順治十二年欽奉

恩詔本折均平改徵本色米二千一十七石六斗餘

米一萬七千四石三斗七升一合五勺二抄

五撮每石原折銀五錢五分今于內支米四

千二百九十石督撫題明每石折銀一兩

該銀四千二百九十兩內七分給寧波衛運

丁月糧米折銀三千三百三兩三分撥還軍儲銀

一千二百八十七兩解京餉用外餘米仍照

舊每石折銀五錢五分支解貢具軍器等項

支

用

以上漕務各項銀四千九百八十四兩一錢八分九厘九毫二絲七忽三微七塵內撥還軍儲克餉銀一千一百八十七兩米二千一十七石六斗

留克兵餉

田地山銀三千四百九十五兩五錢七分一厘四絲九忽

預備秋米折銀一千二百五十三兩

均徭克餉銀三百九十八兩四錢

民壯克餉銀五百八十六兩三錢八分遇閏亦銀五十七兩

續撥軍儲充餉銀二百三十一兩五分四厘三絲
曆日充餉銀七兩七錢
會裁冗役充餉銀一千四百七十二兩六錢六分
四厘八毫二絲二忽有閏加銀二十八兩七錢九分六厘七毫四絲六忽
南折充餉銀九千一百二十七兩八分五厘一毫
軍儲各倉餘存充餉銀六千一百四十九兩八錢
八分二厘五毫四絲二忽一塵七渺
以上兵餉通共銀二萬二千七百二十一

兩七錢三分七厘五毫四絲三忽一塵七
渺
遇閏加預備米折銀一十一兩二錢三分五厘八
毫五絲九忽三微七塵五渺
存留
本府拜進
表箋綾函紙劄寫表生員工食委官盤纏銀三兩七
錢八分一厘七毫三絲五忽
本縣拜賀習儀香燭銀四錢八分

官員經費俸廩欵項

本府知府

俸銀六十二兩四分四厘　遇閏加銀七錢八兩四分九厘九毫

薪銀七十二兩

心紅紙張油燭銀五十兩

修宅家伙銀五十兩

皁幃傘扇銀二十兩　奉文自十二年爲始家伙銀兩全裁其修宅皁幃銀裁八存二應共裁銀六十一兩存銀九兩

書辦二十四名每名銀一十兩八錢共銀二百五十九兩二錢順治九年四月內會議每名工食六兩共裁銀一百一十五兩二錢解部遇閏加銀二十一兩六錢又裁銀九兩六錢解部

本縣知縣

俸銀二十七兩四錢九分　遇閏加銀三兩七錢四分九厘九毫

薪銀三十六兩

心紅紙張油燭銀三十兩

修宅家伙銀二十兩順治九年四月內會議裁扣解部

迎送上司傘扇銀一十兩奉文自十二年爲始裁銀八兩解部存銀二兩留用

吏書十二名每名銀一十兩八錢共銀一百二十九兩六錢順治九年四月內會議每名工食六兩共裁銀五十七兩六錢解部遇閏加銀一十兩八錢又裁銀四兩八錢解部

門子二名每名銀七兩二錢共銀一十四兩四錢順治九年四月內會議每名工食六兩共裁銀二兩四錢解部遇閏加銀一兩二錢又裁銀二錢解部

皂隸十六名每名銀七兩二錢共銀一百一十五兩二錢順治九年四月內會議每名工食六兩共裁銀一十九兩二錢解部遇閏加銀九兩六錢又裁銀一兩六錢解部

馬快八名每名銀一十八兩共銀一百四十四兩順治九年四月內會議每名工食六兩共裁銀九兩六錢解部草料銀不裁其銀陸路備馬製械水鄉打造巡船以司緝探遇閏加銀一十二兩又裁銀八錢解部

民壯五十名每名銀七兩二錢共銀三百六十兩順治九年四月內會議每名工食六兩共裁銀六十兩解部遇

閏加銀三十兩又裁銀五兩解部

燈夫四名每名銀七兩二錢共銀二十八兩八錢順治九年四月內會議每名工食六兩共裁銀四兩八錢解部遇閏加銀二兩四錢又裁銀四錢解部

看監禁卒八名每名銀七兩二錢共銀五十七兩六錢順治九年四月內會議每名工食六兩共裁銀九兩六錢解部遇閏加銀四兩八錢又裁銀八錢解部

修理倉監銀二十兩

轎傘扇夫七名每名銀七兩二錢共銀五十

兩四錢順治九年四月會議每名工食六兩共裁銀八兩四錢遇閏加銀四兩二錢又裁銀七錢解部

庫書一名銀一十二兩順治九年四月內會議每名工食六兩裁銀六兩解部遇閏加銀一兩又裁銀五錢解部

倉書一名銀一十二兩順治九年四月內會議每名工食六兩裁銀六兩解部遇閏加銀一兩又裁銀五錢解部

庫子四名每名銀七兩二錢共銀二十八兩八錢順治九年四月內會議每名工食六兩共裁銀四兩八錢解部遇閏加銀二兩四錢又裁銀四錢解部

斗級四名每名銀七兩二錢共銀二十八兩

八錢順治九年四月內會議每名工食六兩共裁銀四兩八錢解部遇閏加銀二兩四錢又裁銀四錢解部

縣丞

俸銀二十四兩三錢二厘遇閏加銀二兩三錢三分三釐三毫

薪銀二十四兩

書辦一名銀七兩二錢順治九年四月內會議每名工食六兩裁銀一兩二錢解部遇閏加銀六錢又裁銀一錢解部

門子一名銀七兩二錢順治九年四月內會議每名工食六兩裁

銀一兩二錢解部遇閏加銀六錢又裁銀一錢解部

皂隸四名每名銀七兩二錢共銀二十八兩八錢順治九年四月內會議每名工食六兩共裁銀四兩八錢解部遇閏加銀二兩四錢又裁銀四錢解部

馬夫一名銀七兩二錢順治九年四月內會議每名工食六兩裁銀一兩二錢解部遇閏加銀六錢又裁銀一錢解部

典史

俸銀一十九兩五錢二分遇閏加銀二兩六錢二分六厘六毫

薪銀一十二兩

書辦一名銀七兩二錢順治九年四月內會議每名工食六兩裁銀一兩二錢解部遇閏加銀六錢又裁銀一錢解部

門子一名銀七兩二錢順治九年四月內會議每名工食六兩裁銀一兩二錢解部遇閏加銀六錢又裁銀一錢解部

皂隷四名每名銀七兩二錢共銀二十八兩八錢順治九年四月內會議每名工食六兩共裁銀四兩八錢解部遇閏加銀二兩四錢又裁銀四錢解部

馬夫一名銀七兩二錢順治九年四月內會議每名工食六兩裁

銀一兩二錢解部 遇閏加銀六錢又裁銀一錢解部

本縣儒學教諭

俸銀一十九兩五錢二分 遇閏加銀一兩六錢二分六厘六毫

薪銀一十二兩

訓導 順治十七年奉裁

俸銀一十九兩五錢二分 遇閏加銀一兩六錢二分六厘六毫

薪銀一十二兩

齋夫六名每名銀一十二兩共銀七十二兩

遇閏加銀六兩

膳夫八名每名銀一十兩共銀八十兩內四十兩

廩生支領四十兩解部充餉

遇閏加銀六兩六錢六分六厘六毫

內又裁銀三兩三錢三分三厘三毫解部

門子五名內掌教三名分教二名每名銀七兩二錢共銀三十六兩

遇閏加銀三兩

學書一名銀七兩二錢

遇閏加銀六錢

喂馬草料銀每員一十二兩共銀二十四兩

廪生二十名每名廪糧一十二石每石折銀
八錢共銀一百九十二兩
黄家堰梁湖壩巡檢二員
俸銀每員一十九兩五錢二分共銀三十九
兩四分　遇閏加銀五兩二錢五分三釐二毫
薪銀每員一十二兩共銀二十四兩
書辦各一名每名銀七兩二錢共銀一十四
兩四錢　順治九年四月內會議每名工食六兩共裁銀二兩四錢解部
遇閏加銀一兩二錢又裁銀二錢解部

皂隸各二名每名銀七兩二錢共銀二十八
兩八錢順治九年四月内會議每名工食六兩共裁銀四兩八錢解部
遇閏加銀二兩四錢又裁銀四錢解部
以上官役俸廩共銀一千三百九十九
兩四錢三分六厘内外賦市鎮門攤舖
行漁戸課鈔銀一十二兩九錢五分九
厘六毫三絲二忽外實徵銀一千三百
八十六兩四錢七分六厘三毫六絲八
忽

驛站

本府驛站銀一千五百九兩四錢七分六釐一毫

一絲八微四塵

上司并公幹官員本縣辦送下程油燭柴炭銀一

百三十兩

上司經臨及一應公幹過往官員合用心紅紙劄

油燭柴炭門厨皂隸米菜銀二十五兩

上司經臨并過往公幹官員合用門皂銀一百兩

雇夫銀七百三十五兩六錢三分五釐　遇閏加

銀六十一兩三錢二釐八毫七絲

又協濟嵊縣東關人夫銀五十九兩五錢三分

遇閏加銀四兩九錢六分八毫

雇馬銀三百二十七兩五錢　遇閏加銀二十七兩二錢九分一釐六毫七絲

雇船銀七十兩

按院節字號座船水手銀五兩　遇閏加銀四錢一分六釐六毫六絲

鹽院完字號座船水手銀一兩三錢　遇閏加銀

一錢八釐二毫三絲

以上驛站共銀二千九百六十三兩四錢四分一釐一毫一絲八微四塵

祭祀賓興

本府諭祭銀六兩六錢六分六釐六毫七絲

本縣祭祀

文廟釋奠貳祭共銀六十兩

啓聖公祠貳祭共銀一十二兩

社稷山川壇各貳祭共銀三十二兩

邑厲壇叁祭共銀二十四兩
鄉賢名宦祠各貳祭共銀一十六兩
文廟香燭銀一兩六錢
迎春芒神土牛春酒銀四兩
曆日紙料銀一十七兩六錢六分八厘一毫遇閏加紙料銀二錢五分八厘七毫解司造曆
門神桃符銀一兩五錢
鄉飲酒禮貳次銀一十六兩
提學道考試搭蓋蓬廠工料銀二兩二錢解山陰縣

歲考生員試卷果餅激賞花紅紙劄筆墨童生果
餅進學花紅府學銀一十四兩　縣學銀六
十五兩
季考生員每年量計貳次合用試卷果餅激賞花
紅紙劄筆墨等項府學銀一十一兩
縣學銀五十兩
本府歲貢生員路費旗匾花紅酒禮銀七錢五分
各院觀風考試生員合用試卷果餅激賞花紅紙
劄筆墨府學銀四兩　縣學銀一十五兩

雜支

本縣新官到任祭門猪羊酒果香燭銀二兩八錢五分

府縣陞遷給由并應朝官員起程復任公宴酒席祭門祭江猪羊三牲酒果香燭等項銀二兩五錢

布政司解戶二名每名銀三十兩共銀六十兩

看守布按二分司門子各一名府館門子一名每名銀三兩六錢共銀一十兩八錢　遇閏加

銀九錢

本縣巡鹽應捕八名每名銀七兩二錢共銀五十七兩六錢　遇閏加銀四兩八錢

黃家堰巡檢司弓兵八名每名銀六兩共銀四十八兩原額每名七兩二錢今遵照順治九年四月會議每名工食六兩共裁銀九兩六錢解部遇閏加銀四兩八錢內又裁銀八錢解部又鹽課銀五十兩四錢每兩滴珠一分該銀五錢四厘遇閏加鹽課并滴珠銀四兩二錢四分二釐

廟山巡檢司弓兵一十一名每名銀六兩共銀六十六

十六兩原額每名七兩二錢今遵照順治九年四月會議每名工食六兩共裁銀一十三兩二錢解部遇閏加銀六兩六錢內又裁銀一兩一錢解部

又鹽課銀一兩六錢四分每兩滴珠一分該銀一分六厘四毫

遇閏加鹽課并滴珠銀二錢二分二厘二毫

梁湖壩巡檢司弓兵一十名每名銀六兩共銀六十兩原額每名七兩二錢今遵照順治九年四月會議每名工食六兩共裁銀一十二兩解部遇閏加銀六兩內又裁銀一兩解部

衙要五鋪司兵二十一名每名銀八兩四錢共銀一百七十六兩四錢遇閏加銀一十四兩七錢內

嵩陡舖五名　崑崙舖　茶山舖　板橋舖
池湖舖各四名
次衝要六舖司兵二十四名每名銀七兩二錢共
銀一百七十二兩八錢　遇閏加銀一十四兩四錢
內　縣前舖　通明舖　渣湖舖　莘渡舖
茶墓舖　新橋舖各四名
偏僻四舖司兵一十二名每名銀六兩共銀七十
二兩　遇閏加銀六兩內　瀝海舖
烏盆舖　夏蓋舖
踏海舖
各三名
各渡渡夫一十四名共銀五十六兩八錢　遇閏
加銀四兩七錢三分三厘三毫三絲內　嵩
山渡二名　嵩陡渡一名　梁湖渡三

名　杜舖渡二名俱每名銀五兩　上浦渡
一名　百官渡二名俱每名銀三兩六錢
丁村渡　沐𣵀渡各
一名俱每名銀二兩
新通明壩壩夫二十名每名銀一十兩八錢共銀
二百一十六兩　總加纜索銀三十六兩
遇閏加役銀一十八兩
梁湖壩壩夫一十四名每名銀九兩共銀一百二十
十六兩　遇閏加銀一十兩五錢
舊通明壩壩夫二十名每名銀六兩共銀一十二兩
遇閏加銀一兩

修城民七料銀三十五兩七錢一分三厘

修理本縣城垣銀二十兩

修理府縣鄉飲公宴祭祀新官到任齋宿蓆次器

皿什物及經過公幹官員轎傘幃褥銀二兩

預備本縣雜用銀一百六十六兩一錢九分五厘

二毫 內以七分聽上司行支取用三分聽本

縣公事支銷俱明立文案造送查核有

有餘存貯報司以備緩急之需應支項款開

後加增 表箋通數銀 昌平州銀四兩

各院司道取給舉人貢生路費卷資等銀

獎勸激賞孝子節婦善人米布銀 按察司

進 表水手銀 修理院司公館家伙什物

銀 恤刑按臨合用心紅紙劄油燭柴炭支

書供給銀其有非出不常數難定計
俱于内支取年終造册院司道查核
戰船民六料銀六十三兩四錢四分八厘一毫
淺船料銀四百八十二兩六錢九分四厘四毫
孤貧老民五十八名每名年給布花木柴銀六錢
共銀三十四兩八錢
孤貧五十八名每名歲支口糧銀三兩六錢共銀
二百八兩八錢
縣獄重四口糧銀三十六兩
以上祭祀賓興雜支共銀二千六百三十

一兩八錢二分五厘五毫七絲內扣解昌
平州銀四兩歸起運之內實銀二千六百
二十七兩八錢二分五厘五毫七絲　路
　費銀五錢三分四毫
二年一辦每年帶徵
　本縣貢生路費旗匾花紅酒禮銀三兩
　歲貢生員赴京路費銀三十兩
三年一辦每年帶徵
　科舉禮幣進士舉人牌坊銀一百八兩三錢八分

三厘七毫

迎宴新舉人合用捷報旗匾銀花綵段旗帳酒禮

各官酒席府銀五兩六錢六分七厘

縣銀一十一兩

起送會試舉人酒席并卷資路費府銀八兩三錢

八分四厘四毫　縣銀一十七兩三錢三分

三厘三毫俱徵解府庫照起送名數申請動支

會試舉人水手銀一百一十二兩解司庫聽給

賀新進士合用旗匾花紅酒禮府銀五兩　縣銀

五兩俱徵解府庫照中式名數申請動支

起送科舉生員酒禮花紅卷資路費各官陪席府

銀六兩五錢　縣銀三十五兩七錢六分本縣

徵用照名儘將所派銀兩通融均給

武舉供給筵宴盤纏銀七錢二分五釐

貢院雇稅家伙等銀二兩解司

二年三年一辦共銀二百五十兩七錢五

分三釐四毫

應裁解部

本府捕盜應捕二名每名銀七兩二錢共銀一十
四兩四錢
本縣捕盜應捕八名每名銀七兩二錢共銀五十
七兩六錢
上司按臨并本縣朔望行香講書紙劄筆墨香燭
銀三兩
外省馬價銀四百五十三兩一錢八分六釐路費銀四
兩五錢三分一
釐八毫六絲
預備倉經費銀二十二兩

常豐一倉經費銀一十二兩八錢

常豐三倉經費銀一十五兩六錢

預備本府雜用銀三十七兩五錢

預備本縣雜用銀七十一兩二錢

黃家堰廟山梁湖壩三廵司弓兵工食銀三十四

兩八錢

收零積餘銀四十一兩二錢二分三厘二毫七忽

三微六塵九漠五埃三纖四沙

收零積餘米四斗一升八勺一撮六圭五粟

以上舊編裁剩解部銀七百六十三兩三錢九釐二毫七忽三微六塵九漠五埃三纖四沙　路費銀四兩五錢三分一釐八毫六絲

米四斗一升八勺一撮六圭五粟

本縣田地山池塘人丁共額徵銀五萬四百九十兩四錢六釐八毫一絲五忽八微內

起運各部寺銀一萬三千四百五十五兩二錢一釐七毫九絲三忽一微八渺五埃　路費銀

一百八十四兩四錢三分六厘三毫九絲一
忽九微八渺九漠九埃六纖六沙
帶徵鹽課漁課銀五十四兩六錢一分一厘
三毫三絲五忽内不入田畝銀一十一兩六錢三分五毫路費銀
一兩二錢二分九厘七毫二絲四忽一微九
塵五渺内不入田畝銀四錢九分九厘五絲
漕運貢具月糧銀三千六百九十七兩一錢八分
九厘九毫二絲七忽三微七塵
留克兵餉銀二萬二千七百二十一兩七錢三分

七厘五毫四絲三忽一塵七渺

存留銀七千八百七十一兩三錢五分八厘一毫八絲三忽八微四塵　又路費銀五錢三分四毫　又外賦市鎮門攤舖行漁户課鈔抵

經費銀一十二兩九錢五分九厘六毫三絲二忽

舊編裁剩解部銀七百六十三兩三錢九厘二毫七忽三微六塵九漠五埃三纖四渺

路費銀四兩五錢三分一厘八毫六絲

順治九年四月內會議裁扣銀三百五十二兩四

錢

順治十二年會議裁扣銀六十九兩

膳夫銀四十兩新裁

運丁月糧三分撥還軍儲充餉銀一千一百八十

七兩

本縣田地山池塘人丁共額徵米一千一十八石

一升八勺一撮六圭五粟內

運丁月糧米二千一十七石六斗

裁剩解部積餘米四斗一升八勺一撮六圭五粟

遇閏加銀四百八十三兩二錢八分一厘五毫七絲三忽五微一塵三渺九漠一埃三纖六沙

內除漁戶出辦銀三錢三分二厘七毫五絲

外每正銀一兩加銀九厘五毫六絲五忽一微六塵

隨糧帶徵

鹽課

水鄉蕩價銀四十二兩九錢八分八毫三絲五忽

每兩滴珠路費一分七厘該銀七錢三分六毫七絲四忽一微九塵五渺隨糧帶徵

拖船稅銀八兩　滴珠路費銀一錢三分六釐不入田畝解運司轉解

以上戶部項下鹽課銀五十兩九錢八分八毫三絲五忽　路費銀八錢六分六釐六毫七絲四忽一微九塵五渺

額外歲徵

漁課

熟鐵折苧蔴七十二斤九兩七錢六分　奉文折七徵三折色蔴五十斤十三兩二錢三分二釐該折銀二兩五錢四分一釐三毫五絲路費二錢五分西釐一毫三絲五忽　遇閏加蔴四斤三兩十錢六分該折銀二錢一分一釐七毫五絲

路費二分一厘一毫七絲五忽本色蔴二十一斤十二兩五錢二分八厘該銀一兩八分九厘一毫五絲路費一錢八厘九毫一絲五忽遇閏加蔴一斤十三兩四分該銀九分七毫五絲路費九厘七絲五忽係漁戸出辦

以上工部項下漁課銀二兩六錢三分五毫　路費銀三錢六分三厘五絲

課程

本縣額徵課鈔二百七十四錠一貫五百八十八文折銀二兩七錢四分三厘一毫七絲六忽

有閏加鈔一十二錠二貫六百五十四文折

銀一錢二分五厘三毫八忽市鎮門攤舖行出辦歸經費款

用

本縣稅課局額徵課鈔六千六十七錠三百八文

折銀六十兩六錢七分六毫一絲六忽有閏

加課鈔五百四十九錠一貫五百六十一文

折銀五兩四錢九分三厘一毫二絲二忽均徭

內編巡攔役銀抵辦今撥充兵餉

本縣河泊所額徵課鈔一千二十一錠三貫二百

二十八文折銀一十兩二錢一分六厘四毫

五絲六忽　有閏加課鈔六十錠二貫九百九十二文折銀六錢五厘九毫八絲四忽漁戶一百三十一名出辦今歸經費支銷

本縣河泊所額徵課鈔五百七十五錠四貫九百二十五文折銀五兩七錢五分九厘八毫五絲　有閏加課鈔三十九錠八百七十五文折銀三錢九分一厘七毫五絲均徭內編巡攔役銀抵辦今歸經費支銷

本縣帶辦五夫稅課局額徵課鈔二千七十六錠

六百三十文折銀二十兩七錢六分一厘二毫
有閏加課鈔二百三十錠八百一十七文折
銀二兩三錢三厘六毫三絲四忽　均徭內編抵令撥克
兵餉

上虞縣志卷之九

食貨志二

物産　匠班　鹽課
鋪稅　漁稅　礦務

物産

荔枝見珍南州遠賓披榛絕壑顧渚之春金泉芳冽水滙以淫土有嘉産曰物之妖以災吾民惟虞厥土泥塗澤國之瀕所鮮所多與他邑均無絕殊者足充珍奇御奉之用樵於山可薪漁於水可羮田於田秔秫可登差亦足以沃其年而樂其生矣志物産

粤惟虞壤厥土弗膏水陸攸錯民食其毛以耕以耨
是植是穮滋乃嘉種實稱裕饒　大白散絲黃秈
紅熟宜秋稍晚青穡最速已上秔　八月水鮮紅黏相
纘黃糠白荳經霜乃足已上糯　稈高曰稷實黑曰粟
來牟與蕎惟麥之族荳異厥名青白烏菉蠶荳虎
區大小赤菽稗與芝蔴用佐五穀

右穀數來大麥牟小麥也稉糯種甚多姑述其槩

天苗園蔬庶免於饉春以青芼冬以白餕油芥莧甜
蕁蘇滋潤菠薐萵苣薹心獨奮韭蒜薤隆菁葱葵

近蘿蔔兼胡芋魁可爐蒿芹繁生茭苴丰韻瓠號
淨街茄亦堪進惟彼筍瓜厥類難盡
右菜類　筍有燕筍潭筍淡筍貓筍龍鬚晚筆之屬瓜有西瓜冬瓜王瓜菜瓜絲瓜甜瓜香瓜南瓜之屬

桃杏垂實爰有梅李櫻桃鷹先楊梅濺齒梨奧枇杷
葡萄偕美石榴甜酸藕芡并旨栗紫棗赤相繼而
起林檎銀杏荸薺火榧菱角蓮房水品孰比惟柿
及橘得種有幾橙柑香欒載充食餌
右果類　柿有社柿寒柿牛心柿朱柿綠柿丁香柿之屬橘有蜜橘出五都最佳佛臍柳

條之屬

惟喬者木莫多於松槐檀桑柘檜栢梓桐椶櫚可剡沙朴何庸大椿祝老岩桂成叢椅樫橙楝樟柞樠楓杉楸翳日榆柳從風肥皂去風凍青傲冬樗櫟顏賤梧檟任豐欅椮櫟榛柯斧尋攻山棗宜桿山桑宜弓石榴石欄何彼其穠

右木類

箘簵之貢東南是求篠以爲箭猫以編舟筴以作紙筋以織篝筠竹惟剛水竹維柔龍鬚孔碩鳳尾孔

修公孫名著慈孝名留桃枝畣茂黄𦬇綢繆什器斑雅管蕭紫優淡乃箋類苦乃筆儔維筆與青緣彼坡坵猗猗四季君子是偁

右竹類四公孫慈孝黄𦬇季皆竹名

惟此羣芳香色咸宜牡丹爲王芍藥爲妃海棠瑞香薝蔔薔薇山茶石竹美而艷木香水仙清以奇金沙玉簪爭吐素馨凌霄兢姿羅剪春秋桃分碧緋蓮有紅白之蕊葵開戎蜀之姧山礬躑躅𦬇菩荼蘼玫瑰夏茂芙蓉秋肥水紅夜合洛陽午時山丹

鳳仙相點綴金錢含笑爭霏微蘭蕙薇苔菊品綻
籬映山紅滿遍地錦披舜華朝榮忘憂夕垂朱明
兮海榴秋香兮木犀雞冠並夫鹿葱水仙儷於棠
棃月月紅兮長春滴滴金兮遶枝拒霜決明望春
辛夷互爲開謝均此芳菲

右花類

神農品嘗其儷不億菖蒲黄精茯苓白朮梔子茱萸
蒼耳百合天花括蔞地膚楮實連翹薄荷木瓜乾
葛何首有烏桑根皮白蒴藋鼠黏芎藭雀瓢茵蔯

薺根半夏大力生熟皆名地黄赤白均是芍藥花號以金銀牛牽有白黑大黄黄連殊科草烏烏梅異質寄生分楓桑門冬辨天麥山查圓而紅枸杞赤而澤紅花紫蘓叢生車前南星繁檀藿香之苗淡竹之瀝蕭與附稱香椒與艾同榕益母貝母皆草枳殼枳實似橘桔梗苦參蔓荆甘菊細辛穀精金罌石蛤龜板鹿茸馬鈴虎骨猴薑覆盆咸稱藥食

右藥類石蛤蘇草藥也

家雞可畜惟鴨與鵝燕巢鶯友雉錦鷗波鴻鴈爲旅鷹鷂集柯鳩拙姑惡鵲喜梟魔杜鵑布穀戴勝淘河黃頭鴝鵒白鶆鸕鴣烏鴉相類鳧鷺同科翡翠啄木鶺鴒春鉏繡眼力作百舌提壺紫背畫眉山鵲練拖雀角穿屋鴛鴦戲洑鵭鶻鷙擊鸛惟垤呼鸕鷀鷺鷥有若魚羅竹雞鵓鴣桑扈雪姑凡百羽族孰爲之囮

右禽類　淘河即鵜鶘力作即家家侷僕也

率舞以來狉狉莫紀家畜牛羊載育犬豕惟馬驢騾

相馳千里虎豹豺狼麋鹿麞麂貓貍鼪捕狐兔等
追獾豫野猪猿猴爲比用竹之狗松栗之鼠使之
歲若走擴而已
汔魚類
乃生鱗屬於傍于塘赤鯉白鯽青鯶黃鱨血鰱黑鰡
鰷鱔俱黃烏鰺拱斗白鰷跳梁鱸鮇鱖魴鱧鯿鮨
魴銀魚時化石首時穡鱷鰳爲偶螺蜆最昌泥蟶
薦鮮河蟹登霜蚶蚧內減蝦蝌鰻長沐毋士鉄差
亦相當彭越可鹽黃蜊曳槍蠡兹水族莫殫厥藏

右魚類

虫之利用惟蠶爲大其次蜜蜂舉世攸賴蜉蝣吟蛩蟋
蟀翻蝶隊莎鷄振羽蝸牛涎霑螳螂翳葉蛙黽伏
塊蛛網以絲蟬鳴以籟南風之蛤味亦亡害如彼
虺蛇及夫蜂蠆蜥蜴蜈蚣馬蝗蚑蚋蚤虱蟾蠅艮
可憎惟蟻螂螻蛄蠐螉蚍類何物有翅不足紀載

右虫類

惟瓠爲席惟茗爲箒樸樕束笋淘土成缶以資埏埴
冶資田器鐵不釜鐺不石朴曰竹木之器亦號剧

數

右器用類藺草出夏蓋山香狸之毛可爲筆笙出砥塞磚瓦出皂李湖石出東射虎梟

五穀之外食有鹽醋曰油曰醬與之相副酒以糟釀餳爲糖伍米餈糕餅亦可以餔茶產頗多篘屑成聚聊克民用未堪國賦

右食物類餳熬秫爲之茶出後山者佳筍有燕筍乾貓筍脯龍鬚羊尾筍乾皆出山南

徵貨于虞其俗頗淳絲可以織葛可以紗木綿之

花黄葛之麻絖絮布帛紬絹及紗　靛青蠟燭薪
炭菜菽凡若此類頗皆自足
右貨類蠟柏油也菜油菜子也菽諸色荳也
按舊志有貢物　玉面貍六隻　鴈二隻　鵁鴉
二隻　雜色皮一千一百二十張　弓二百四十
張　箭一千九百四十五枝　翎毛五萬二千一
百枝　弦一千七十條　翎鰾折收黄蔴一千三
百三十一斤五錢三分　藥材共二百三十六斤
白术六十六斤　半夏五十斤　白芍藥二十五

斤　茯苓七十斤　乾木瓜二十五斤今恐作折色或先朝及國初所賦皆不可知姑具于末

按虞土雖瘠薄然計其所產自足以供一邑之用而有餘第射利者賙物稍爲時缺輒貿諸隣境得善價復貨易以爲常亡論柴米牲畜等卽下至王瓜菜蔬往往捆載而他之乃至土力愈絀而負販益多力作者不勝遷化而一時爲用所窘多賤售之及乎已有所需反復踊貴此近日之大蠹也欲裕民者亦禁而杜之

匠班

上虞額匠五百五十一名內清出實在納班八匠共二百七十九名每名徵銀四錢五分四厘五毫共銀一百二十六兩八錢五厘五毫　存留本府織染局匠共二十五名　逃移事故等項奉文開豁共二百四十七名

鹽課

上虞額設巡鹽應捕八名每季限獲鹽一萬二百觔船三隻歲共計四萬八百觔有閏加三千四百觔

共船十二隻犯無限所獲鈌數將該役工食犒賞銀扣補鹽捕除工食外每年於條鞭內編賞鹽課銀七十六兩六錢八厘梁湖壩巡檢司額設弓兵一十一名每季限獲鹽四千觔歲共計一萬二千觔有閏加鹽一千三百三十三觔船犯無限所獲鈌數將工食犒賞銀扣補弓兵除工食外每年於條鞭內編賞鹽課銀二十八兩一錢六分黃家堰巡檢司每季於條鞭內派編鹽價銀一十六兩八錢滴珠銀一錢六分八厘每年共額銀六十七兩二錢滴珠銀六錢七分二厘內派於山陰縣該司領解鹽價銀

一十六兩八錢滴珠銀一錢六分八厘　嵊山巡

檢司每季於條鞭內派編鹽價銀六錢六分滴珠

銀六厘六毫每年共額銀二兩六錢四分滴珠銀

二分六厘四毫

飛霜暑路漖波出素亡慮男食之家與中下之户

其仰食于鹽均也

補虞之鹽取給于百官而通明中壩之鹽止供轉輸

而不市易然縣城市井及山居之民與百官遼不

能不窃市于中壩是以明朝雖有鹽捕之設而老

稚餘鹽不入禁網自駔儈之徒設置鹽鋪而商人
與衙役關掌捕事鄉人負一束薪易升合之鹽亦
飽掠奪而民始苦之矣議者欲變鹽鋪爲小票而
鹽課動關朝廷毋動爲大結舌而莫敢誰何是有
望於勤恤民隱者

礦務

上虞無礦也萬曆二十七年六月初八日以開礦工
本不敷邑侯胡公思伸議於本縣抽扣均徭皂隸
銀六兩九錢走差皂隸銀八兩七錢本府堂上各

役工食銀五兩八厘五毫三絲三忽民壯銀一十
四兩四錢黄家堰廵檢司弓兵八名工食五十七
兩六錢通共銀九十二兩六錢八厘五毫三絲三
忽抵爲礦務此與割肉療瘡者何異至二十四年
正月初九日巳奉　恩詔停止
鋪稅
上虞雖明越通衢而商船之往來者止出於途從不
於境內貿易故邑里蕭條其大不過一村落耳先
經裁革河泊所稅課局蓋有深意至萬曆二十七

年奉助大工事例縣令胡公思伸始議於各都市鎮共輸稅銀一百五十二兩派定收頭每年春秋二季徵解

漁稅

上虞雖濱海之邑其民皆業農商並無漁舡出外洋採捕者萬曆二十八年亦奉助大工事例查報河條舡二十六隻連原額加增共徵銀八兩二錢四分二厘每年輸網甲一名收解

上虞縣志 卷九 十

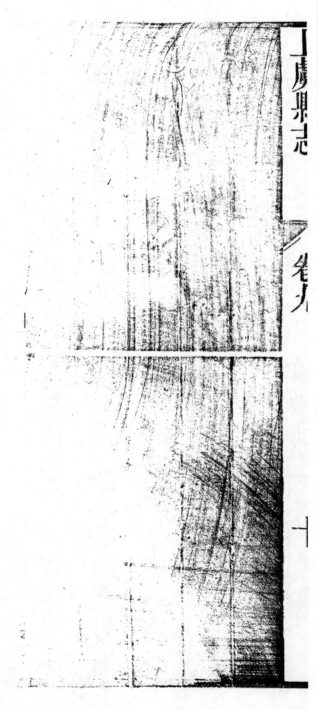

上虞縣志卷之十

官師志一

官者民所具瞻事所統攝自雲鳥紀名以來代有因革而官之最親民者無如縣令其責成亦獨嚴若爲人牧者觀民以觀所生攝心以攝所事豈憂鰥曠哉牧長而下誰非王臣同寅戮力以匡民社則與師師之風爭烈矣作官師志

秩官

秦置縣始有令及尉歷代爲理他職不無改易而

大要受成於令若心領百體中準四極揔之爲縣

設也志秩官

秦　長

蕭閭

漢

度尚有傳　一辛敦

吳　長

顧雍有傳　濮陽興陳留人後爲會稽太守官至丞相

劉綱下邳人初居四明山後爲上虞令治尚清靜簡易而政令宣行無水旱疫癘之傷歲

常大豐民受其惠師事言君有道術昇仙于四明山詳見仙釋傳

晉令

顏含有傳　傅驕有傳　周鵬舉有傳

華茂　徐祚之剡人政教修舉士民咸得其所

王隨之有傳　甘亶

南宋令

徐羨之祚之子爲令有政聲歷官南平郡公　王鎮之隨之子附父傳

王顗　虞季姚人　虞愿季之弟

陸昉　卞延之有傳　王晏有傳

齊令
周洽汝南人廉約無私卒于都水使者　徐陵
梁令
景岌　蕭九思　池克恭
陳令
敬恕　賀拔脩　郁一
唐令
金堯恭有傳　崔協有傳　蘂思徳
吳越

虞繹　葛政一

參　知縣

仲贊善　裴煥　王存 有傳

謝育　陳彥臣　吳堯

余彥明　魏栖臣　張堂

吳著　李景行　朱南熊

蔣璘　錢翊　王輿

戴延輿　劉損　趙子淵

席彥稷　詹從儉　謝師德

姜埃　朱俊　陳休錫有傳
丁鷹　趙不摭有傳　張麟濟南人
郁潔　宣直道　王思
林霆　張紘　柯若欽
錢康　葉顒有傳　趙澄
周樞　俞塤　方溥
張恕　錢似之　韓康卿
章騊　鄭南　朱斧
汪大定有傳　何楷　戴闕之

劉筈 吳興人有志興學建[illegible]聖殿闢射圃化民成俗

商飛卿 臨海人

陳炳 長樂人德及士民咸親愛之

林谷　施廣求　王撖

陳偲　張佺齡　鄭杭

趙希惠　孫逢吉　袁君儒

梁鑰　季湛

樓杓 四明人舉行鄉飲王義役法建二橋曰豐惠曰德政

高衍孫 四明人　趙希賢　胡燿

蓋溥 益學租以養士　趙汝珦　劉常先 三衢人

趙希悅 何宗斐 趙希均

魏珉 史一之 陳寅

盛天錫 趙崇燚 趙時緻鄞人

張瑞秀 廖由 張志立

葉元泳顒之下 陳漢炳之子有功學校

邵若垟舊志垟作息 陳阜蜀陵陽人

徐松 陳漢

元

元制縣既有尹又有達魯花赤以監之今所載止於尹不及達魯花赤而間有賢者則列之名宦傳中

從郡志

尹　曾達花赤

展熙　李文道　王璘

趙泰　朱文魁

阮惟貞金臺人政通人和作新學校以賢令稱

張鑑　李德　曹濟

韓僊　徐貞　張垕有傳

孫文煥南陽人　許思忠　蕭思温

王肅　丁允文　智紹先有傳

李好義保定人由吏部主事左遷於虞廉以律已恕以待人

于嗣宗有傳　張叔温有傳　林希元有傳

李膺有傳　韓諫有傳　朱克恭聞喜人

王芳黃巖人材智通敏臨政明察興築城圍經畫湖田瀕建書院士民賴之

明

知縣

楊文明知縣題名記曰邑有題名尚矣蓋祖月太史公太史公於漢之將相名臣不必盡立傳而爲之表悉著其氏名歲月俾覽者尚論其世而有以知其人此後世題名之權輿也昔舜封支庶于會稽故邑有上虞秦漢以來張官置吏世代寥遠莫得其詳本朝之制必長之以尹統率僚屬期於牧惠元元乂安圖境而已執符遞代豈曰一人雖其隆焯於聲蹟者今或湮焉泯矣蓋靡有記之故弗足徵也余小子忝于茲邑黽勉共職既二年所矣慨然名之闕

乃稽諸往牒，參諸邑乘，詢諸耆獻，自洪武迄今尹茲邑者，得趙公允文而下凡四十五人，悉列次而鐫諸石。是舉也，名以之垂，而懼亦寓之。何也？官之政辦于民，民之情繫于政。夫居上而敷政于下，甚易易也。政之孰爲淑，孰爲慝，則蚩氓得以訾臧否，賤胥得以議賞罰。昔賢謂恩在則懷，威在則憚，義在則服，虐在則怨，耶然因名而別，可不懼哉！貞哉斯石，固礪名之具也，匪直圖名之永存也。此余小子之意，亦以告後來者。嘉靖甲子十月，知上虞縣事豫章楊文明立石。

趙允文有傳　范麟　張翼

黃友直　王惠　王子良

張昱　李惟忠

馬馴　蘄州人，操履清正，寬而有威，斂華政舉，事簡訟息。

胡敏鳳陽人聰敏廉介政舉刑清

楊奐萬載人持己廉撫民惠政務公勤仁聲遠播

鄭行簡有傳

黃綜

吳倖松江人首建縣廳譙樓

湯振

李景華東莞人慈惠仁恕民咸德之陞主事

房蔡

唐啓金谿人

吉惠丹徒人字澤民首買民居闢廣學門鑿扶弱振奉士類民咸思爲陞本府知府

黃錫鄭州人

謝綱灤州人

邢昊華亭人

史後

林球東莞人　涂縉新城人　顧奎常熟人抑豪强扶善類平物價而民不敢欺爲奸宄所中而去

陳祥有傳

汪度有傳　陳賢長樂人爲政嚴明詩酒徜徉尤親禮賢士陞監察御史

伍希儒安福人　劉近光　陳獻文

陳大濩長樂人　楊紹芳有傳　江南山東人

左傑恩縣人　張光祖潁州人　鄭芸有傳

莫踰矩臨桂人　陳大賓有傳　熊潢有傳

陳治安貴州人　張書紳常熟人　李邦義有傳

楊文明南昌人謝艮琦有傳熊汝器南昌人行太僕卿

林廷植福清人賀逢舜益陽人朱維藩淮安人按察司副使

蔡淑逵合肥人楊爲棟綦江人胡思伸績溪人乙未進士有傳

徐待聘常熟人進士有傳

王同謙湖廣黄州府人進士敷政寬和謙恭下士陞戶部主事

文三俊福建人號二衎庚戌進士以文名世

鄒復宣江西人癸丑進士居官清直耿介調繁金華行取監察御史

錢應華江西清江人號堅白丙辰進士調繁餘姚

范鑛四川人號我遽持身耿介丰彩凜然吏畏民懷調繁山陰官至大中丞

何京　四川人號不炎壬戌進士

吳士貞　南直宜興人乙丑進士威嚴振肅豪右斂戢陞禮科給事中

周銓　金壇人字衡臣丁丑進士

李拯　福建晉江人號仁庵戊辰進士陞工部主事有傳

余颺　福建莆田人字賡之丁丑進士有傳

孫榘　淮安鹽城人號北海癸未進士

皇清

順治

朱應鯤　崑山人監生隨征號子魚

施鳳翼　江南上元縣人丙戌進士字子翔

邊笄滕　河南人貢生

張元鎮　山東單縣人丙戌進士號翰白

耿宗塤　湖廣黃岡人官貢

劉珂　陝西人舉人字玉可

陳鶴徵　江南常熟人監貢號青田

蔡覺春　河南人貢生

高之蕙　北直薊州人舉人號繼樸

許弘道　滿州人舉人字聖功

鄭僑北直祁州人辛丑進士號傳物

秦制令以下丞尉各一人漢增置主簿一人後代仍之凡吏茲土者固更僕未易數也第縣乘久湮名佚不載自宋以往丞佐不多見焉明世雖未遠亦多缺佚姑記其所知者以俟

宋

縣丞

婁寅亮有傳　張漸　江公亮有傳

樓垻　樓淳　郭契敷襄邑人自縉雲丞調上虞秩滿遂家焉

姜邯　范承蒙

張侶　周大受　張元需衢人以扈蹕功授上虞丞有異政遷富陽令引年致仕遂家虞之百官　王寶

元

至正年間汰冗官丞等

明

賈企　達貫道　蕭伯成

魏季清　馬志文　張名

吳敏學　薛恭

田玉　陸和　林東長

趙智　呂洪撫寧人

張準　滄州人律已廉介民思不忘

毛誠　張瑾　清河人

李璋　寧國人爲政明恕不久以疾去　陳榮　閩縣人

蔣仕欣

雷福　南昌人盡心撫字民懷其惠　張煬　新建人寬惠仁恕九載滿去

張邦憲　宜興人

劉文華　安福人　屈必登　歸州人廉介明決尤親賢士

陳昴　江夏人

陳大道　四川人進士　楊岱　建寧人

陳世文潛山人 陳釆華亭人 蔡鎧

曹傅長州人 王萬珀 韓梅

李守玉 林廷枌閩人 傅誘

蕭與成太倉人 李治懷晉江人 馬如龍太倉人

王鍊枝江人

濮陽傳有傳 周德恒涇縣人 徐紳江元人賦性廉潔遇事敢爲徼

糧署篆並不染指當道有知而

薦之者遽以疾卒人咸哀痛

周時武長洲人廉靖不阿受誣以去士庶惜之

郭希昉 鄒正巳 張夢鮫壽州人以選貢莅虞三[illegible]

卽致仕以去眞可謂明出處
不爲五斗折腰者近所希見
勞崇法 南海人　陳一桂　陳夔葉 惠安人
舒惕 荆門州人
周冕 貢生
黃金章 湖廣人貢生
皇清
梁尊孟　范炳文　沈一道
吳緒揚 湖廣鄖陽貢生陞咸陽知縣
王衡才 陝西延安神木縣人拔貢

元 王簿

孟湜 余自明 時鑑

相京 孫彧 燕桂卿

楊天佐 張光祖 葉瑞

賈謙 史潤祖京兆人 李敏

王應成 李珪 朱珍

明

白惟如 韓雲 史文郁

崔子敬 李煦 徐與文

姚文用　姚德行

夏令　劉仲璟

方端

閻誠　姜文華

周澄　田茂

賀珣

何進

林欽漳州人廉明果斷不久而卒　陳恕

王恂

劉一中　衞儒　王文室太原人

陳紹臯延平人　蔣士欣

鄭瓏　林子艮　張得陝西人

夏曦長洲人　胡坤

劉自新大庾人

閔廷才　周邦相安福人　喻棟

張鳴鳳　陳懋科　程以達

謝承嗣　石應塬　今裁革

典尉

薛聚　武進人以文學政事召入秘府與修國史

宋　尉

張漸　馬季良　孫廣

方中伯　向淶　沈濱　有傳

薛寇　錢績　許思齊

楊玨

元　尉

吳源　張輿　有析名　馬鯨

王政　楊誠　朱晉臣

翟諒　翟居德　耿聰
劉仁　陳甫　趙元齡有傳
袁居撒　鄭仲賢　張學祖
董祥　楊孟文　吳質
曹處恭　鄒士銳
典史元制尉以下復設典史
沈浩　貝處仁　苗德賓
蔣新　朱瑞　王瑞
王顯　趙璧　葉懋

毛克巳　王翼　吳文慶
李雄　徐文華　鄭元慶
湯國清　張彬　徐天麟
陳拱　吳賁　鄭榮
翁鍾榮　葉廸　周善富
劉榮　周德允　王允中
高文華　徐文傑　王世英
陶燈

明

倪弼　王政　楊澄

蕭政　鄺高昌　張縠

林原　譚清　張智鳳陽人

胡浩儀封人　尹宏滎陽人　陳釗高郵人

傅海灤州人　張翰　楊韶豐城人

穆崧　袁辰　劉相莆田人

吳鳴鳳灤州人　陽美　潘正海

俞桂興化人　徐廷芳　林泰

張賓　林九思莆田人　鄒仲虎東莞人

史曦金壇人　程世舉寧國人　陳時吉

湛汝翹贛縣人　陳舜田銅陵人　張志旻丹徒人

樊漢上海人　謝國徵華亭人

皇清

順治

貢生彩　孫晟　喬嗣壽富平人

康熙

王朝相

張鳳麒

古者守令即爲師帥教與政未有分迨後政詳于刑賦而忽教化於是專設學官以董之人才風俗胥由此出秩雖卑而任良重矣自漢唐迄宋學校之設從來已久而涖虞者無可考今志自元始

元

教諭

方仲達餘姚人　黄廷韶三山人　黄和中邑人

李炎午蜀人　徐公著錢塘人　趙與權三山人

陸特舉婺人　張杰錢塘人　談志道越人

史萬卿鄞人　張酉先餘姚人　趙去侑剡人

汪與櫟歙人　王叔毅暨陽人　俞舉越人

任士林奉化人　周師式剡人　唐定金華人

厲和甫天台人　嚴重鄞人　陳紹參奉化人

林景仁天台人　張謙三衢人　項畊之永嘉人

繆元果天台人　戴瑜三衢人　潘國賓永嘉人

金鉞永嘉人　史公順鄞人　王衢金華人

梛元珪邑人　胡德輔越人　施澤金華人

徐景熙三衢人　金克讓三衢人　孫去棘鄞人

朱集慈谿人　陳子翬有傳　陳友諒

汪　餘姚人　鄭桐餘姚人　胡璉餘姚人

明

教諭

孫叔正　孫思忠　李仲文

朱升　霍敬　盛安丹徒人

陳英安福人　魏福建安人　薛常生邑人進士

黃榮應天人　趙濟　曹巨川泰和人

盛景金華人舉人　顧璉安福人　曾用濟

高應淮安人舉人　趙泰安福人　劉雍貫安福人

陳仲堅　馬慶有傳　李長源莆田人

曹脩武進人　趙玠常熟人舉人　胡傑臨桂人舉人

陳轍閩縣人舉人　白經儀真人舉人　虞楚鄱陽人舉人

張全婺源人舉人　嚴潮松溪人舉人　邵達道都昌人

趙大華莆田人舉人　葉壽春太倉人

葉庭模海陽人舉人器宇頎弘操履挺直　陳思學雲南人舉人

劉田十洲人舉人　張濤來安人　劉瑱臨江人

何天德宣化人舉人升度温邏常攝邑篆無改清修

李綸長洲人　朱信亮南昌人舉人

李志寵晉江人舉人　楊麟有傳
程克昌星子人舉人　張羽莆江人
徐子喬德清人　溫汝舟有傳　陳膚番禺人舉人
楊于朝雲南人　張列辰辰州人　馬明瑞平湖人舉人
但調元星子人舉人　梁一孚溫州人舉人
張立中舉人　丁汝驤仁和人舉人有傳
吳陶和鄞縣人舉人　俞咨益嘉興人歲貢
王有憐金華人歲貢善星學占事頗驗

訓導

任素邑人　貢部邑人　薛文舉邑人薦辟

夏中孚邑人　俞尚禮邑人經魁　臧元安會稽人

趙鳴玉會稽人　陳謨邑人　陳秉文

王衡宜興人　康勉上海人　郭惟中龍泉人

何林洪閩人　楊獻長洲人　朱復莆田人

歐陽進安福人　惠榮長洲人舉人　方公瓚莆田人

朱豫安福人　潘貴　羅清荆門人

陳繹　王浴沂長樂人　蕭兗鄱陽人

張伏婺源人　陸嘉鯉桂林人舉人

陳怡鄱陽人　王朝臣安福人舉人

鄭深　左璧涇縣人　王思明

符璽新喻人　易文元桂林人舉人

彭英有傳　陸鼎太倉人　吳濱新建人

林應鴻福寧人　桂薰贛縣人　夏梁溆浦人

曾昇泰和人　王守業寧陽人　王仁諫泰和人

張會分宜人　周廷誥巢縣人　唐斂上海人

孫榮職鄭州人　余藪宜春人　金九皋有傳

俞鐩無錫人　張文炳江陵人　宋應奎寧都人

馮琇費縣人　龍子甲陜西人　朱灝清遠人
張宣台州人　張仲河東莞人　戴士完鄞縣人
謝璿建安人舉人　武順先來安人　章文烝石埭人
蔣民知東陽人　范光宙石門人　陸官石門人
尤存古麗水人　周文忠臨海人　李培嘉興人
蔣明臣溧陽人　馮時薦　汪金穎歲貢
林士善台州人歲貢　潘自鎔歲貢
劉進官遼東人歲貢　章惟學歲貢
黃閎麻城人歲貢

皇清

教諭

吳一鳳生員會稽人　王元学歲貢

宋可成於潛人歲貢　王允頡西安人歲貢

樊王圖常山人歲貢　李煜湖州人拔貢

樓立尊浦江人歲貢

姜岳佐慈溪人舉人

訓導順治十七年奉　旨裁革

林國璋歲貢　陸鴻渚龍游人歲貢

何應韶桐廬人歲貢

上虞縣志卷之十終

上虞縣志卷之十一

官師志二　名宦　官蹟

名宦

夫服官行政德化是尚民罔常懷懷于有仁學有名宦祠以祀宦于土者報功德于無窮也必其所在見德所去見思或惠愛浹民或廉平律已或寬恕馭衆或忠節酬王以至心勞政拙捍患禦災德澤入人不可泯泯卒之俎豆馨香與官墻永語曰甘棠不擇地畏壘不易民事誠有之長人者景行

前喆顧自樹何如耳志名宦

漢　度尚荆州刺史有傳

唐　崔恊有傳

宋　葉顒尚書左僕射有傳　陳炳少師紹興中令虞德及士民咸親愛之

沈煥有傳

元　林希元有傳

明　陳祥有傳　汪度有傳　胡思仲有傳

按名宦與鄉賢秩祀等耳虞自明來祀鄉賢者二

十餘人而名宦止陳汪兩公一何寥寥哉卽以故

老所傳迷耳目所覩記如楊公紹芳改拓之鴻功
鄭公芸建城之偉伐陳公大賓築堤之長利熊公
潢鯁潔之介操豈不足享祀春秋而卒莫之舉文
抵名宦不患其濫而患其遺始失於因循後忽於
遼邈或議而未果或請而未行致使尸祝之典成
曠莘棠之思若忘虞人無所逃責矣至若隆萬以
來嘉猷瀐澤足光俎豆者尤不乏人而事屬未久
或時方嚮用則尚有待焉

名宦列傳

古今綰銅墨與夫丞佐振鐸者何限求其裒然爲
後事師而實能令人尸祝無窮者代不數數見雖
然或置碑焉以志思或建祠焉以食報官不負民
政民亦不負官知上下因兩相成也志宦績
度尚字博平山陽湖陵人東漢元嘉初令虞爲政嚴
明發奸摘伏人咸稱神門下書佐朱儁尚未知名
尚知其不凡薦于太守尹端爲主簿後儁卒爲名
臣時曹娥投江求父屍憐而葬之爲立祠汪許令
邯鄲淳作碑記故洛陽市長淳于翼問學淵深志

簡高尙隱于山里希見長吏尙往候之晨到其門匿不出見主簿白還不聽停車待之晡時乃得見尙禮極恭相與講道論政劇談乃退尙嘉績固多不具舉舉其一二事以令長而知人崇孝下賢若爾其以觀風一邑奚忝哉後官至荆州刺史從祀名宦

顧雍字原歎吳郡人從蔡邕學琴書州郡表薦由合肥曲阿二縣長來令虞時孫權領會稽太守不之郡以雍爲丞行太守事討除寇賊郡縣以寧入爲

右司馬

顔含字弘卿琅琊人晉元帝時令虞披統志含簡而有威明而能斷後遷吳郡太守

王睦之爲上虞令子鎮之亦補虞令並有能名遂家于虞鎮之累遷大將軍録事參軍出補安成太守以母憂去職在官清絜妻子無以自給服闋爲征西司馬歷御史中丞執法不撓出爲廣州刺史不受禄去官之日無異寒士弟弘之

傅融北地涇陽人爲虞令政績甚著卒于司徒其弟

數清靜有道解屬文除太子舍人轉尚書郎太傅
參軍避永嘉之亂與嬌遂家上虞
周鵬舉字垂天會稽人宰上虞有治聲遷雁門太守
後歸會稽遊上虞驛亭東有漁浦湖乘白馬沉湖
化去鄉民祀以爲神
華茂爲虞令嘗與王右軍蘭亭會賦四言詩
卞延之濟陰宛句人弱冠爲上虞令有剛氣會稽太
守孟覬以官長凌之延之積不能容脫幘投地曰
我所以屈卿者政爲此幘耳卿以一世勳名而傲

天下國士耶拂衣而去子彬字上蔚齊建武中爲諸暨令俊拔有才與物多忤屢遭擯廢著枯魚賦以喻意

王旻字休默弘之之孫普曜之子仕宋爲上虞令會稽守孔覬反旻起兵討之覬竄于山嶠村村人縛以送旻旻斬之東門外

崔協博陵人唐大中元年以戶曹攝虞邑値歲大旱民不能供稅協請蠲于上不從遂傾家貲代輸之及卒邑人立祠祀之後知縣陳大賓建石坊表崔

公祠詳碑記中

金尭恭唐寶曆二年令虞按統志尭恭于縣西北置

任嶼湖灌田二百餘頃興利除害民甚德之

王存字正仲丹陽人宋慶曆間學者方尙彫琢存獨

崇古朴登進士令虞有豪姓殺人存至按治抵法

豪賂他官變其獄存遂棄官去久之除寄州推官

脩絜自重甚爲歐陽修呂公著所知累官國史編

脩脩起居注時起居注雖日侍而奏事必稟中書

俟旨存乞復唐貞觀左右史執筆隨宰相入閤故

事神宗遷之德直前奏事自存始壽爲右正言數以論事切直左當事者與知杭州致仕

陳休錫宋建炎元年來令虞時湖多廢爲田民訴害於府諭使者下其狀于縣休錫遂悉罷境內湖田使者以未得朝旨數窘之休錫不爲動是歲不登獨上虞得湖水之利大稔

趙不搖宋紹興初來令時縣治燬于兵燹亟事刱建各得其宜夏蓋等湖漸廢爲田大妨水利不搖白于朝悉復爲湖民至今受其利

葉顒字子昂興化僊游人由進士宋紹興甲戌令虞凡徵役令民自催不以付吏民亦不忍欺其徵稅與民約各書其數使自賫至庭親視收之民咸稱便時帥曹泳令夏稅先期輸什之八顒請少紓其期泳怒及麥熟民輸租反爲諸邑最泳大喜欲薦于朝固辭乃止嘗慨士不趨學斥大庠舍勸掖備至乾道初拜尚書左僕射引用名流廉約終身先廬隘甚不益一椽孝宗謚正簡子元泳復令上虞益田養士人稱濟美云並祀名宦

汪大定字季應鄞人宋淳熙中爲縣令政務平易吏民相安時魏王薨于四明使者旁午供頓之勞震動州縣惟上虞通明堰最高潮一至輒回喪舟難濟大定相視地形復興舊閘增浚查湖別于支港瀕小堰以通餘舟募二百人别以旗色列左右俟大舟入閘立柵既定引湖水灌之水溢堰平衆挽喪舟以進舳艫相銜俄頃俱濟民用不擾

馬思忽元至正中達魯花赤時同僚皆尚嚴刻思忽以寬濟之事集而民悅民田有栅江者稅額未除

公優以輸布他邑有疑獄不能決憲府檄令讞之
有持執政風旨俾上下其手者思忽不聽枉直無
所失邑人稱之四子皆登科第又至正間有佛家
兒亦爲監邑政令不擾四境晏然若兩君者雖古
循吏何以加焉
王璘字景文臨沂人元至正末爲縣尹冰蘖自守一
意拊循省刑弛禁囹圄一空興學尊老大有補于
風教云
張垕字德脩成都人元至治中尹虞廉絜無私請託

不行新學贍士嚴警私䤄邑以治聞

智紹先字孝思鑫吾人後至元丙子來尹先是民病

私鹽先殫心規畫轉運有方民不擾而課不虧鄰

境以爲法吏𠷈譙樓修公宇多所建立

于嗣宗字德元錢塘人元至正初來令以慈惠稱嘗

勸民出粟爲石堤捍海

張叔温雲中人元至正戊子來令能文章嘗令民獻

上虞舊志重輯

林希元𤥨長林子福建人遊寓天台登至正壬辰進

士出翰林出尹虞邑廉幹有聲歷官四年終始如一妻子恒有饑色元處之泰如也時白馬西溪兩湖民倚田侵佔甚妨水利元乃定墾田數悉復爲湖自是歲旱公私無損著西溪湖條議并賦以垂不朽重建明倫堂纂修邑志嘗請建箕子廟于遼東祀董仲舒于文廟皆有功于名教政績上聞擢南臺御史命甫下而卒貧不能塋義士趙汝能營棺劉坦之捐山塋瑞象之原子清貧不能歸遂家于虞所著有長林文集不特事功卓異更且文章

名世祀名宦

李膺字景明武平人至正間尹虞和易有守歲久旱災傷時方患目周爰阡陌請免其輸嚴湖禁重兵防民賴以生膺竟左目失明縣有上妃白馬夏蓋三湖爲前令林希元墾復林去而湖復廢膺力復之後秩滿遭世亂不能歸卒葬于虞謝肅銘其墓

韓諫字自行天台人元至正末來尹值兵興供億甚煩諫調度有方不擾于民而未嘗乏絕又均西溪湖田定四等賦民咸利之嘗建忠恕堂以延士其

留心學校如此

明

朱公諱芹號錦波四川叙州府富順縣人萬曆己丑
進士初授湖廣石首邑令有惠政以廉明稱陞蘄
州府同知尋陞刑部員外轉郎中斷决多平反大
司寇有疑獄必委公詳讞陞紹興府知府初下車
周咨民隱除加派崇學校釋究獄重農桑不數月
八邑士民歌頌循良時上虞十都有皂李湖歲溉
民田若干畝與白馬上妃等湖爲一方水利奸徒

輩多方侵佔而公則勘斷立案勒碑永禁湖民德之建祠尸祝其他善政美績不勝記載俄以報最擢陝西督糧叅政晉貴州左藩云會稽郡守漢陽張三異撰

鄭行簡字汝敬歙人永樂中由進士自永清調知上虞爲政務抑豪右恤貧乏勸農桑治輿梁棧道而大興學宮需無稽期獄無留滯二年邑大治御史尹崇高行部號嚴厲獨賢行簡問郡守屬令孰優對曰惟鄭尹清介剛方但氣大耳崇高嘆曰居官

患不氣大氣果大嘗克塞宇宙而可以是病之耶
乃考行簡爲治行第一同列交忌之競爲蜚語詆
行簡行簡遂飄然乞歸邑人不能留灑淚而別
陳祥字應和高安人由進士弘治癸亥來令爲政威
明兼著人莫敢干以私歲大饑驗丁聚濟復請于
朝得內帑金以繼其乏之仍蠲秋糧十之七他邑流
徙者爲煑粥于等慈寺中以食之全活者甚衆嘗
刻鄉約與民更始優禮學校士氣奮揚甫期年以
父憂去士民遮道泣送後踰年邑人爲立去思碑

詞曰暴政之下度一日如度一年如置烈火以熬以煎俯而蹐地仰而呼天草莽寇讐理有固然善政之下度一年如度一日出作入息鑿飲耕食拯我忠難平我曲直子弟父母以德報德至愚而神民不可欺感有厚薄匪俗之移陳侯爲政順民所欲愛而勿傷且教且育侯今去矣民其柰何瘝痌疾痛誰撫誰摩侯來何遲惠我不終民其無福悠悠我思思我陳侯侯陳侯再臨我民用休

汪度字洪夫績溪人由舉人弘治乙丑令虞慈祥醇樸自奉甚嗇衣至十澣不易朝夕惟豆羹一盂而事母氏極豐民有賣犢以償薪俸者廉知其事遂斂却不受命贖其犢犯法者以理諭之至再至三未嘗輒加鞭撻真猶慈母之愛子民不忍欺正德

列宦者劉瑾专權時下詔徵辟公薦經明行修本
邑徐文彪對策以弘恭石顯爲言瑾怒下文彪于
獄謫戍鎮番累及公誣以薦賢受賂當贖罪落職
囊橐若洗民爭助不許卒鬻故里之田以輸去之
日士民擁道向泣餽贐甚豐侯亦泣下謝却旣去
正德庚辰年立清介碑於接官亭詞曰卓卓汪侯清苦持守三載居官一分不苟逆瑾弄權誣以賍垢削籍去官奪我父母悠悠我思天長地久邑人朱衮撰
楊紹芳字伯傳應城人嘉靖甲申由進士爲邑令旌
善癉惡興利剗弊靡不精絕如敗運河以便民拓

學基以養士修築沿海塘彌水患于西北剏建奎
文閣固風氣于東南此其治蹟之最著者也擢御
史去士民爲立去思碑
鄭芸字士馨莆田人由進士嘉靖戊戌自松陽調虞
守清才練實意愛民振作士類洪武初爲湯信國
以海警徙縣城石于臨山以備急芸慨然議築設
法運濟不勞不傷而晏然成功後倭寇三犯城民
得安堵皆其賜也又築沙湖于曹娥江潴蓄水備
旱傍開河渠數里便民通商豪右有侵佔三湖之

犯者廉得其狀則罰穀以備賑刻石永遵焉召拜
監察御史去尋卒士民懷德立祠置田春秋祀之
邑人朱袞撰立碑記
陳大賓字敬夫江陵人由進士嘉靖甲辰來知縣事
值歲大祲賓慼額爲請當道蠲稅賑濟民賴以生
越歲又旱赤日中徒跣露禱甘澍時降邑西北濱
海躬親築堤以捍潮患葺新學校興起人文屢申
明聖諭俾小民咸若干訓方議復西溪湖適內召
拜南臺御史士民爲立去思碑詞曰維虞之邑土瘠民貧撫摩保障

允賴哲人於我陳侯楚産儒珍分符來牧百爲本
仁爲民救饑爲民亭屯乃崇文教春生爲片乃中
涸諭木鐸聲頌侯今去矣侯
澤難湮載襦載袴民懷日新

熊潢南昌人由舉人嘉靖庚戌來令天性鯁直不畏
强禦事有觸忤赫然雷霆已而理解廓焉光霽贖
鍰羨鏹視之若染日以蔬水自給政清刑平廷可
張羅而署若冰壺焉後竟卒于官迄今哀慕之

李邦義字宜之廣東連州人由進士嘉靖丁巳來令
時督撫禦倭海上悍兵往來驛騷邦義委曲籌應
卽受侮不侮民賴以安其爲政嚴明而不傷苛察

待士有禮處民事如家事務不拂其好惡召拜兵
科給事中終南京鴻臚寺卿
謝良琦字景韓隆慶戊辰進士巳巳春來令明敏廉
幹棼錯爫解務捜奸懲惡以安良民尤嘉與士類
升堂講書相與辨難考校譏未淡朞一邑翕然嚮
化方將濬玉溪興水利新學宫大有造于虞適以
憂去後補蠡縣再升南兵部郎卒材概于數人咸惜
之
胡思伸號沖寰績溪人萬曆乙未進士器度寛大幹

才精敏下車即清丈田土給由單杜民訟蒞虞九載輿情風俗罔不周知訓誨和藹不施鞭朴而吏不舞文民鮮犯法崇勵學校特加優免興利舉廢之事不能殫紀如治聖宫修建新安巽水二閘多置學田此其大者至今闔邑享利士民頌德不衰南門巽水祠包村新安祠皆肖像以祀官至侍郎

崇祀名宦

徐待聘字廷珍號紹虹常熟人萬曆辛丑進士自樂清調繁來令虞邑不畏强禦雅好文學惠民勸士

鄭夷僕數城鄉水利靡不修舉如復漳汀湖侵佔
清玉帶溪壅淤於西溪湖身屢至再相度地形條
詳議復又置義冢以瘞枯骨申禮高賢親裁邑乘
捐俸剞劂數百年殘缺遺秩燦然備舉誠一代良
牧也秩滿陞刑部主事
李拯號仁庵福建晉江人崇禎戊辰進士宅心仁恕
蒞事寧靜凡訟牒引折不用箠楚清儉布袍蔬食
晏如也自歲朝至伏臘未嘗受紳衿餽遺夜必篝
燈讀書篤好文士所奬拔皆譽髦五年清俸未嘗

攜至家見學宮圮壞兩廡荒榛公捐貲鼎建自聖殿兩廡啓聖宮櫺星門不鍰諸民不助諸士任滿臨行平日所受墨跡悉送還之其介操大畧如此後陞工部主事

余颺字賡之福建莆田人崇禎丁丑進士高才善文尤長古文詞縕藉風雅藹吉和惠莅虞首崇學校抑勢豪操履潔清時甲申三月都門之變土賊乘機竊發入城公惠愛得民心鄉勇巷戰格退當獲賊首斃杖下燔其黨狀不窮治株引士民感德頌

涕稱爲慈父母

皇清

劉方至字　山東人以明經授紹興府推官寬和慈惠惆愊無華抵越甫一載政清刑簡有頌聲適虞令直指糾去公視篆虞邑剔弊釐新更張前轍戊子年三月十六日夜山賊王岳壽鼓衆犇入公視師百雲門城守单弱力不支遂遇害士民哀之事聞贈尚寶司少卿廕一子

宋

婁寅亮字陟明永嘉人由進士宋紹興中爲虞丞恩威並著高宗至越上封事請育太祖後爲嗣上覽疏大感悟擢監察御史嗣後有丞汪公亮廉潔能文詞作縣治朱娥祠二記時稱上虞二亮

濮陽傳廣德人萬曆初由貢爲虞丞優於文學兼有吏才築南門外横涇壩尤加意三湖至今有濮陽墩所調畫措置可垂永久暇則偕學士文人登玩山水興至輒發豪吟不知者呼爲濮痴知者謂濮丞不痴也鸞鳳其羽枳棘其棲其憤懣牢騷之氣常洩于

毫楮間又不畢不隱恪恭乃職位不副其官惜哉

居恒哂曰吾嘗以王官歸故鄕耳其灑致如此

沈焕字叔晦定海人由進士宋乾道中爲虞尉嚴而

知恤期限明信吏民安之主縣庠甃所學敷教本

末具舉風俗丕變擢太學錄嘗幹辦浙東安撫司

公事高宗山陵貴戚近臣畢臨民困供億煥告安

撫鄭汝諧曰國有大戚而臣子晏樂安乎汝諧屬

煥條奏移文御史請明示喪紀差舍悉從菲陋浮

費頓省值歲旱常平使者遣煥賑邮上虞餘姚得

免流殍民甚德之煥始與臨川陸九齡爲友又與朱熹呂祖謙講求問辨官終直文華閣卒謚端憲

從祀名宦

趙元齡字子年宛丘人元時來尉先時縣官收職米倍三佃者病之元齡獨無升勺過取士兵隸于司者視之如子未嘗疾言怒色秋毫不擾于民時人爲之語曰縣尉不要錢只有趙子年其介如此

陳子寵奉化人元至正甲午來掌教事行己端嚴誨人以規矩長于文詞邑內名宦鄉賢罔不搜其實

而贊之

馬慶　淮安人由衆人成化間掌教事嚴以律已勤以率人集諸生於各號房給以油火遵夜躬自訓督多所成就云

彭英　字育之萬安人由歲貢分教于虞性質純篤襟懷灑落其於勢利澹如也坐鎮軌範甚得士心以老疾歸咸揮涕不忍別去

金九皋　武進人涵養淵邃識趣高奇肆筆咸屬名言與徐儆弦輩赤幟詞壇而艱于一第屈于虞訓乃

九皋不以訓目阻人亦不以訓目九皋也一時士業靡然更新無何以直指特薦擢武康令以去士子攀留不得有隨武康就學者

楊麟邵武人萬曆辛巳由松陽訓陞虞諭三年以致仕去虞士德之爲立去思碑于土地祠前詞曰宅心仁恕行己謙恭立教以敦本爲先藝文以明理爲要周窮恤困終始不渝崇雅黜浮賢愚僉化納後進而常禮盡蠲攝縣符而清操益著

溫汝舟烏程人由貢授山東館陶訓導應舉遂登山東鄉榜壬辰來諭虞五載擢太湖令去虞士思之

立去思碑于明倫堂後會稽黄猷吉記畧曰先生之來虞也虛乎若谷燠兮似春不言而飲人以和一時諸生靡然向風禮弟子講廡偏必雍亞幣先生廬之日奈何以朝廷珍異諸生者重為諸生苦一切歲節之遺戒勿入又從史楊侯置學田若干畝貧士之困而以其餘為課業資疇非先生賜哉其去有後思也固宜使世之廣文皆如先生子衿之什可無作矣而如先生者寧數數然乎余嘉先生之能有去思也而因以告世之司教者

丁汝驤字叔潛仁和人萬曆戊午舉人來諭上虞善詩文尤工書遒勁可法所交皆名士與弟子講論朝夕不輟接引恐後學署湫隘自出俸資闢數楹以居瀟灑不羣居然雅人深致後官至工部都水

司郎中陞四川叙州府知府卒於官

上虞縣志卷十一終

上虞縣志卷之十二

選舉志

薦辟 歲貢 鄉舉

四岳舉而成周法以造士漢四科稱爲得人洎及于今其途不一皆遺意也隋唐之際邑當分隸士無由表見固矣明初徵辟歲行於是士拔棄而起膺斯舉者不負所學無純盜虚聲之誚爲得爾作

選舉志

薦辟

按虞之薦辟止漢戴就朱儁兩人歷六朝隋唐宋元無傳焉何哉或遼遠湮滅或分隸别屬或感時而甘遯以故越千載寥寥也迨明特綸徵召張四海以羅之虞士始蔵比有人自後兮旌渐絕而巖穴且槁矣志薦辟

漢

戴就舉孝廉　有傳

朱儁舉孝廉　有傳

明

詔禮部行所屬選求民間經明行修賢良方正材識兼茂及童子之類

盧季廉　顧諒子　主之

任守禮給事中　　許士昇太常寺少卿

張九容參政　　朱德輔知縣

車儀吏部主事　　章秉襄陵縣丞

薛文舉太常博士有傳　　朱堇知縣[illegible]

趙暄國子監學正有才名分主四川鄉試　　鍾遜夫禮科給事中

尹克順主事　　陸幹僉事

王友俊僉事　　項齊賢御史

俞恭主事家貧力學師事劉伯溫以賢才應詔試天官中選受兵部主事遂乞歸

貝逈知州　　沈中僉事

謝肅　僉事有傳

丁宜民　樂平知縣方孝儒修縣志謂民理之所在不爲勢屈法之所加不爲私用後歸隱西燕塘所著有康山詩集祀樂平名宦

劉惟善　知縣　　陳茂才　知府

陳逢源　知縣　　魏鎮　知府

貝望　知府　　俞齊　知州

莫賢　知府以碩問稱旨即授長沙知府文學政事並擅其長

陳山　瓊山知縣入名宦所著有欣木稿

張鵬　同知　　張宗岳　知縣

嚴士弘知縣　俞誠洪武六年與族弟恭劉仲溫並
薦授刑部主事後詔求直言特授刑科給事中
彈劾不避權貴忠節凜然人皆憚之
張九功教諭由明經升除臨安後任江西宜春縣
張公器知縣　嚴思允主事
盧用誠成都府同知　魏原海主事
徐裔年福建僉事　姚平主事
朱孝錫紀善　劉惟傑知事
盧用端教諭以明經修行舉　周叔儀知事
沈孟齡知縣　劉諫郎中有傳

吳昌知縣趙操長
厚著作沈雅

丁和初名直任溧陽主簿有
政績陞廣宗縣知縣

范升教諭博學篤行優於詩文以經明行修薦
歷任建寧會昌凡十八年乞歸自號宜休
所著有享金敝帚
尾釜餘音郟鄏步

俞謚縣丞　　張鑑州判

張燦　　薛伯順縣丞

吳孟祺訓導　　張嶽知縣

郭彦安州判

徐文彪以經明行修徵辟對策忤劉瑾廷杖謫
戍鎮番後瑾敗赦歸祀府鄉賢有傳

歲貢

歲貢之制自明始蓋法古里選升舉意縣學間歲貢一人大都較年資而序進或逢恩綸而選拔或由副車而升造雖所致不一皆譽髦斯士也志歲貢

明

洪武十五年奏准天下府州縣歲貢生員自明年始

邑人顔洽撰歲貢題名記　周制諸侯歲獻士於天子天子試之澤宮謂之貢士又命鄉論秀選升之司徒司馬謂之進士二途不同而其始也比閭族黨歲書其德行道藝之實至其成也鄉老大夫又率羣吏同獻賢能之書王拜受之登之天府其造就之術皆自于鄉故士

惇實行而用之獲實效漢興有孝廉茂才之舉鄉評猶在隋唐而下始專以科目取士而鄉舉里選之法廢德行道藝之術微治不古若無惑也高皇帝逮稽周制兼科貢而並錄之未嘗有所軒輕厥後科目重而貢輕豈下之趨向不同抑上之振作有異耶使陞進銓除之法與科甲同更化善治自用人始太平有足徵矣貢者之子姓欲樹碑于學以昭國家並用盛典白于邑大夫左侯侯曰是吾職也遂命工礱石以成厥志且屬余書諸碑陰故僭序其興舉之由云

鍾震　　伍建知州慷慨有大志以言事謫貴陽令工詩文所著有木庵稿見貴州志

陳仲琳　　朱秩

武用文　　呂智知府　　俞息知府

李允中　　周愼知縣　　陳斯立

盧伯韙教諭　徐紳主事　杜淵教諭
戴元言　陳美由監生除兵部武選主政考滿調交趾通判
趙聰教諭　趙象居家以孝謹聞出仕以援引後學爲己任
林釗通判希元之孫有傳　葛啓御史有傳
陸秩　管睢推官　范德倫主事
張謨縣丞　張貴琡州同知　鄭季輝御史
車祐知縣　貝昇　王仕昇誠之孫同知
厲秉彝御史　朱慶知縣　顧林
張觀知事　葉順理　王澤主事

許泗　蔣秉　朱復知事

王璋訓導　車勿政和縣丞邑故多礦盜嘗聚篡其魁以百金嘗之勿却不受已而盜作殺掠士民勿奉檄往捕盜見以爲前邑丞也陽解散去勿念事終弗靖遂投劾歸未幾盜果復作人服其識云　徐惠知事

虞鏞知縣　盧瑜　石蒙知縣

陳膺訓導　包祥教諭　孔慎

何禎經歷　吴隆縣丞　沈冕教諭

劉綏知州諫之子　壽綱教諭　傅獻通判

張燮經歷　盧怡　張琛

謝琦 知事　鍾貝贍

趙誠 訓導　盧坰 經歷　陳奇 訓導

張達　謝億　鍾章贍 照磨

陳衡 縣丞　厲雍 教授　吳嵩 教授

鍾初 知縣　范璉 教諭歷任樂會咸寧以興起斯文爲己任莆田李長源贊

其仕足事君潔足及人　賈章 國子監

職不負身身無忝于親　典簿

車晟　余艮 訓導　王謨

羅祿 知縣　周韶 知州同　周諒 訓導

陳瑗 知縣　顏杲 訓導　賈暹 教諭

王恂 知州　陳庠 知縣　唐頊 教授

趙永徵 知縣　龔球 經歷　劉燦 知縣瑢之弟

鍾圭 訓導　趙銓 提舉　郭實 訓導

謝澌 訓導　朱鐸　薛貴 經歷

何璉 教諭　趙澗　葛銘 訓導啓之孫

杜海 訓導　范塤 鄖城知縣以擒流賊功陞
汝州知州有四村戰捷圖

錢昺 博學負奇姚虞稱爲大戴禮宗名士多出
其門與王華黃珣王鑑之費誾四人爲石
交由貢廷試第一人
選訓泰興陞教授

朱翊 州判　陸譔 訓導　鍾[illegible]

虞璧訓導　王鏞教諭　鍾球教諭

葛瑀訓導　茅圻訓導　王仁訓導進之子僎祁安福名宦邑

鄉賢

竺恕訓導　朱文淵教授

徐大輅理問　俞元直訓導　葛璉訓導

潘鏜學正　丁統訓導陞長沙府教授

朱翬訓導　沈琦訓導　鍾定

成漢訓導　陳雷訓導　徐球教授

陳德明學正　陳相訓導　羅康中順天鄉試

楊楷訓導　張健教授以德行文學稱所著有槐東集

張文濳 教授 陳繪 知縣 王任 訓導進之子

陳宗岳 訓導 羅瑞明 訓導 徐子麟 訓導封知州有傳

羅守義 學正 姚存諫 訓導 唐艮才 訓導

成維 教諭一 茅封 訓導 徐國賓 教授

唐艮心 初任來陽訓導歷陞溫州府教授教弟子先德行風聲所及咸思自勵居家孝友 徐言 教諭 謝鳴治 教諭英敏開爽以易名家

其子師成師嚴相繼登第皆承其家學云 石轅 訓導

沈遵道 訓導 陳里 恩貢通判 劉熠 府學恩貢

楊繼時 錢塘恩貢通判 陳和 教諭

葛焜 同知木之子有傳　趙一萼 湖口知縣

徐汝中 訓導　張源 訓導　陸鏜 中順天鄉魁

陸汝溥 訓導　陳泰旦 知州絡之子

陳希周 訓導孝友謙厚謹默寛和一時之士多出其門

陳勳 訓導　潘清光 教授　陳民愛 教授

趙仲相 知縣有傳　成大器　嚴秉和 府學

陳志峻 選貢紹之孫　葛[illegible]

王文紘 進之曾孫　唐芳 選貢通判　潘景元 仁和籍

鍾意　趙龜齡　葉志雍 恩貢鎰之子

陳泰來 府學綰之子　單栻

趙鶴齡　陸定 金華教諭　胡多順 考選知縣景華之子

劉進身　章尙絅 知縣　竺鶚鳴 南寧府同知

丁培 訓導　郭振清 錢塘教諭　金劉勃

葛泰元 訓導　姚九章 永平府通判陞僉事

姚龍光 餘杭訓導　薛仲龍 訓導　羅覺來 癸酉應天中式

陸耀卿　周天祐　姚珽

朱奇英　張益　魏元徵 縣丞

陳汝璧 傳學負奇時國學生欲建瑞璫祠祗璧居首厲聲曰吾欲效陳東豈肯趨奉閹宦

歲辛襄

貢薄

皇清

姚夢熊嘉興教諭陞教授　黃應乾吳川知縣

陳啓揚台川訓導　葛翊宸句容知縣　姚之遴同州州同

徐儁章通判改授西安衛經歷聘脩西安府志

錢鑛龍游訓導　錢璧通判改授丹陽縣丞

李宗懋芳子　李煥文孝豐訓導　陳懋觀慈谿訓導

趙震陽任西寧漳平二縣　王錡附籍諸暨分水教諭

趙錫祚訓導　張翼永康訓導　車允衡

鄭鴻烈中城副兵馬　姚晉錫

陳書爵　徐伯霖觀復子　徐增燦

顏泰颺候選知縣　徐景雲昌平衛學候選訓導

梁偉　趙斑　許吉人

趙胤昌震陽子　范嘉相澄清孫　謝琛

鄉舉

夫國家賓興之典率三載一舉士方藿食蓬藁其望遇不啻望歲一旦登賢書對公車駸駸膴仕奚難哉然又有遇不遇焉求其不以一第自畫振拔流類少自表見前何琤琤而今寥寥也豈古今人不相及耶抑上固有以限之耶志鄉舉

潘府撰題名記 國家非賢才不重賢才非科甲不榮盖自周以來咸重進士而進士必階于鄉舉周禮命鄉論秀士而升之司徒曰選士論造士之秀者以告于王而升之司馬曰進士立石學宮書其名字彰厥美也虞邑士舉于鄉而論于天子之廷者頗有聞人獨可弗紀乎正德乙

令劉侯汝敬以名進士作我民牧政成之暇慨念賢才所以隆國幹科甲所以榮仕進前未雖以立石然惟及進士而鄉舉之名氏失紀意猶未廣乃詢謀于縣佐學博咸曰可而以記屬余蓋欲合進士及舉于鄉者而類書之用垂不朽也其或藉于外郡而解發于他邦者考之于錄雖不係虞然其計告祭掃恩義未絕父母宗族譜牒具存則亦有不得而遺者故率推其舊題而收勒之非欲援以重虞也蓋亦著其實云

明

洪武三年庚戌 詔開科以今年八月爲始自此至景泰四年每科解額多寡不同其後浙額定九十人

何文信 解元

鍾霆 字伯震幼專毛詩著述深造吉與中洪武辛丑進士任荊州江陵縣丞

葉砥

王誠 克之裔

杜思進戶部侍郎　柳宗岳知縣　杜肅

李繼先州判　張本孝　嚴震

許士果太常少卿　周敬宗主事　俞尚禮字漢遠鄉試第五名授木邑訓導崇文講學百廢其舉陞助教特授江西布政司參議廉介清直入不敢干以私

陳時舉　顧思禮教授　鍾荆教諭

朱一誠　王友梅　徐皓學正

陳彪　貝東彝名恒以字行

傳璇　楊敬中　貝瓊

黃德政教諭　薛常生文舉子　鍾悌紀善

盧伏　謝澤　趙眞知州

趙肅雝教諭　張騁長史　俞宗潤教諭

葛昂　范宗淵名清以字行

陳罷　張居傑順天中式有傳

顧琳應天中式知州有傳　朱莊

盧怕深教授　謝琥郎中

袁鼐教授善化誨人上類彬彬與起　杜侃訓導

葛翊正統中任沅州訓導厚重寡言學尚隱藉拜監察御史陞湖廣僉事脩廉幹勤能之譽卒于官

袁能順天中式　俞宗愼

張居彥順天中式僉事　鍾興訓導

陸儔知府　魏佩　李宗佩教諭

魏克潤教授　張崑有傳知府　壽安

羅瑾經魁訓導　陳金　胡淵府學

陳禧有傳　趙佐訓導　羅澄

趙永教諭　貝煦秉彝孫教授　王震訓導

王鉉　葉德順滄州中式學正

楊庸教諭　葉晃順天中式　薛頎訓導

鄭勤　陳鷴長史　趙鍊知州

杜鎡同知　謝鳳知府　謝璉教諭

李景修應天中式知縣　趙璉教諭

吳杲知縣淹貫五經三與與試　俞繪有傳

鍾炫知縣初任石埭教諭正己率人多士競勸見石埭志

俞暴知縣　王進　陳暉應天中式

王淪通判　吳愼教諭　陸淵之留守衛籍

王簡知州　茅和通判　李鑑知縣

葉壘教諭　洪鍾錢塘籍　徐梗

薛蕃知縣　劉珩　張棨同知

葛贊通判　陳汝勉壽儒

潘府　張儼任同知歷穎上延平漳州廣州皆有政聲

杜淮知縣　姚鏜教諭　賈宗易知縣

陳大經　韓銑同知贈知府有傳

尹洪　張錦順天中式　葛㳽修之曾孫

孫景雲　張文淵　龔侃通判

陳大紀大經弟　任德和經魁　謝忠

徐朴　羅應文知縣　葉信

朱衮　陳大績大經弟　謝顯

徐子熙 經魁　潘銳 御史　王棫 訓導

張文澐 文淵弟　陳鰲　潘釪

傅南喬 附籍山陰　顏曄 知府有傳　葛木 肯之子

曹軒　謝元順 澤之曾孫　陳直卿

洪澄 鍾之子中書舍人　石淵之 知縣

諸克諧 訓導　倪鏜 知縣有傳　潘周錫 工部員外郎

曹輻 軒之弟　陳楠　徐子俊

羅瑞登 知州　車純　陸瑲 順天中式知縣

徐子忱 知州　徐子宜 通判文彪之子

劉鶴 珩之孫　陳洙　陳紹

胡景華 知縣爲諸生時力以養親節以孝弟重於鄉及出宰邑三徙皆以廉明稱去後無不尸祝

嚴時中 通判　尹寶 太僕寺丞

謝徵 順天中式會稽籍知縣　賈大亨

謝瑜　姚翔鳳　葉經

陳如愚 長史　潘璋 順天中式知縣　陳佐 知縣有傳

徐惟賢　范晉卿 長史　陳絳

謝讜　葛桷　陳講 知縣

謝僖　劉本 順天中式通判　丁時 順天中式知州

陳信　徐學詩子恍之子　楊旦嘉定知縣

夏宗虞知縣　鄭舜臣　張承賚

陳綰紹之弟　金柱　羅康順天中式知州

潘清豊　陳王政推官　潘艮貴順天中式

謝師成　朱朋求衮之子、　謝師嚴師成弟

陳王庭初令莆載以賢能考最南城地廣難制廟議分割東北爲瀘溪縣時草創難置其令撫綏推庭銓曹亦以爲當卽改任白城並財賦以至巨細擘畫裁定後遷守邳州咸有去思

徐寅訓導　鍾穀

徐希明同知子麟之子有傳　鄭一麟舜臣子

陳金應天中式　徐震　徐啓東熈之孫先任句容有惠政

祀名宦
工部主事　顧克郎中　劉士彥

陳民性同知　倪東鏜之孫　周炳同知

嚴學曾　陳繼疇　顏洪範曄之曾孫

李雲龍順天中式　陸鯉順天中式知府　石有聲通判

陳繼志　徐鄰同知　唐藩贛州府推官

陳仲麟崇仁知縣　徐憲龍學詩孫　何大化

洪瞻祖錢塘籍澄之孫　陳論

徐如翰子麟孫　徐良棟　薛恩順

、陳志登經魁紹之孫　、陳宇上元縣知縣陞刑部主事

、顏洪節洪範弟　、趙孟周丁未進士

、徐人龍鄰之子　、李懋芳　、徐宏泰

、周夢尹　、鄭祖法　、徐顯改名覲復

、倪元璐棟之子　、陳仕美中應天榜知縣

、謝偉廣東新興知縣陞叙州府同知入新興名宦

、徐鴻儒更名景行山東德平知縣中順天榜良棟之子

、潘灼　、徐景麟　、陳維新

、丁進　、石元忠教諭有聲之子

徐宗儒中順天榜鄒之子　、倪元珙

、范澄清知縣　、潘振宗知縣　、徐言達教諭爾一丁癸未副榜

、陳汝奇山陰附籍　、倪文熺　、顔綸揆經元

陳志夔知縣　、徐廷英改名一掄御史有傳

陳約崇明知縣以子美發贈翰林檢討特恩諭祭

、趙德遴應天經元有傳　、葉煥泗州知州

、陳美發約之子　、趙履祥儋州知州陞薊州府同知仲相之孫

、陳百奇　、葛龍官考選知縣　、徐徽泉戊辰進士

葛百宜知州　、趙履光仲相之孫　、倪嘉賓北通州知州、

羅覺來 應天中式　徐景辰 岐山知縣　曹應登 桐廬教諭

葛三錫　陸儀九 應天中式 鯉之子

徐復儀　朱魁鰲　王執中 順天中式

皇清

順治五年戊子

顧虞龍 知縣　謝重暉 嚴州府學教授

姚泰塤　謝泰 順天中式

順治八年辛卯

陳儁卿

順治十一年甲午

徐元愷　李平山陰籍

順治十四年丁酉

唐徵麟

賈驤

康熙元年癸卯

王履泰盛京中式

康熙八年己酉

李揆叙　趙驪淵仁和籍

康熙十一年壬子

、曹鼎吉

上虞縣志卷之十二終

上虞縣志卷之十三

選舉志

進士　武職　封廕

進士

進士之選莫崇於唐得韓昌黎一榜增重宋非登第者即過省復試稱不愧科名者僅三人明初重薦辟後罷薦辟專重科甲則進士之所從來矣興朝用人不一而甲榜獨居清華階此服官者寧以是重抑有重于此者耶志進士

宋徽宗崇寧二年霍端友榜

陳濤　陳灌濤之弟特奏名

崇寧五年蔡薿榜

李光叅知政事有傳　陳起莘特奏名

大觀三年賈安宅榜

黃通

政和五年何㮚榜

王眞卿　張述中

政和八年嘉王榜宋志嘉王楷第一登仕郎王昂第二徽宗宣諭嘉王曰有司考在第一不欲以魁天下乃以第二人爲榜首

黄部中通之子　張延壽

宣和三年何渙榜

桂章　孫彦材

王賓　王休俊之弟

高宗建炎二年李易榜

李貫特奏名

紹興五年汪應宸榜

李孟博光之子附父傳

紹興八年黄公度榜

、稽琬

紹興十五年劉章榜

、吳公輔　、宋延祖

紹興二十一年趙逵榜

李澤特奏名

紹興二十四年張孝祥榜

、貝欽世　、趙伯溥

紹興三十年梁克復榜

、李以成特奏名

孝宗隆興元年木待問榜

丁松年　趙伯泌

乾道二年蕭國梁榜

邢世材

淳熙五年姚頴榜

尚朴　趙汝錯

陳杞　貝龔慶子欽世

淳熙十一年衛涇榜

李唐卿名特奏　潘友端子時之

熙寧十四年王容榜

、杜思恭 有傳

光宗紹熙元年余復榜

、豐友俊

紹熙四年陳亮榜

、趙師古

寧宗慶元二年鄒應龍榜

、陳無損　　趙汝洙

、趙汝旻　　、陳右大 特奏名

慶元五年曾從龍榜

、李知新

嘉泰二年傅行簡榜

、陳堯卿特奏名　、江濬特奏名

開禧元年毛自知榜

、陳謙特奏名

嘉定元年鄭自誠榜

、劉昌宗特奏名

嘉定四年趙建大榜

、李知孝光之孫　、李復光曾孫

嘉定七年袁甫榜

、徐杭特奏名

嘉定十年吳潛榜

、劉漢弼　、沈昌齡特奏名

嘉定十三年劉渭榜

、陳彥漸特奏名

嘉定十六年蔣重珍榜

、莊牖　、趙時彌

莊敬之特奏名　嚴濟寬特奏名

理宗慶寶二年王會龍榜

趙希汴　趙希彭

趙汎夫　趙浩夫

趙彥鈕　趙彥鏜

趙汝昔按府志無此七人舊乘相傳今存之

紹定二年黃朴榜

杜夢龍特奏名　張師夔

趙希彰伯泌孫

紹定五年徐元杰榜

、梁大受　、李衢 光曾孫

、莊驥 特奏名　、高不思 特奏名

端平二年吳叔告榜

、孫洽祖　、趙汝謣

嘉熙二年周坦榜

、孫逢辰 特奏名　、趙崇櫝

淳祐四年留夢炎榜

、陳熹之　、杜振 特奏名

淳祐十年方逢辰榜

夏夢龍特奏名從祀鄉賢

寶祐元年姚勉榜

趙良坦　趙與鐳正奏名

趙崇璉特奏名

寶佑四年文天祥榜

葛巘參政　杜應之

劉漢傳　葛季昂巘之子

趙必成　趙良俊

寶佑六年

、趙崇璠汝昔之子奏名

景定三年方山京榜

、徐斗祥特奏名　、周遇龍

度宗咸淳元年阮登炳榜

、趙崇璲　、趙與闢

、趙艮坡有傳　、趙友宜艮坡子

明洪武四年吳伯宗榜

、何文信知建州歷官福建叅政分守漳州居官清白惠澤治民入福建名宦漳州特祀

見彰言錄

、王誠甫釋褐即論天下事勸上以正心誠意親賢遠奸稱旨擢監察御史

、鍾霆縣丞　、葉砥有傳

、杜肅侍郎

洪武十八年丁顯榜

、嚴震刑部侍郎有傳　、張孝本

洪武二十一年任亨泰榜

、陳時舉員外郎

永樂二年曾棨榜

、貝秉彝　、傅璇給事中

永樂四年林環榜

、薛堂生吏部郎中有傳

永樂十三年陳循榜

陳羆御史

永樂十六年李騏榜

、葛昂御史　、謝澤通政司

范宗淵御史有傳

宣德八年曹鼐榜

、陳金布政

正統七年劉儼榜

、羅澄僉事

正統十年商輅榜

、王鉉給事中終布政司參議　、葉冕知府有傳

天順元年黎淳榜

、鄭勤知府

天順四年王一夔榜

、陳暉同知

成化二年羅倫榜

王進布政，有傳　陸淵之布政

成化十一年謝遷榜

洪鍾尚書，有傳

成化十四年曾彥榜

劉珩知縣，有傳

成化二十三年費宏榜

潘府太常少卿　壽儒主事

弘治三年錢福榜

、陳大經知縣　、尹洪御史

弘治九年朱希周榜

、陳大紀僉事有傳　、葛浩大理少卿

弘治十二年倫文叙榜

、張文淵郎中有傳　、張錦知府附籍順天府

、謝忠　、孫景雲知玉山縣以廉能著政績懋著未幾卒于官妻鍾氏哀毀自縊從之六以爲景雲刑家之化云詳列女傳

、徐朴知府

弘治十五年康海榜

、朱袞知府　、葉信知府

弘治十八年顧鼎臣榜

、徐子熙光祿寺少卿有傳

正德三年呂柟榜

、謝顯

正德六年楊慎榜

、張文澐知沭陽縣適流賊犯淮安知府漢不勝忿忿詣撫院請兵自效未幾卒于官平生不殖貲產家業蕭然無以自給

正德九年唐臯榜

、曹軒僉事

正德十二年舒芬榜

、葛木叅政　、車純副都御史

、徐子俊有傳　、曹輻叅議

、謝元順郎中附籍會稽　、傅南喬同知附籍山陰

嘉靖五年龔用卿榜

、陳楠副史有傳

嘉靖八年羅洪先榜

、陳洙南京兵部右侍郎有傳

嘉靖十一年林大欽榜

姚翔鳳行太僕寺卿、葉經御史

謝瑜御史有傳

嘉靖十四年韓應龍榜

陳紹知府有傳

嘉靖十七年茅瓚榜

賈大亨御史有傳

嘉靖二十三年秦鳴雷榜

徐學詩大理寺少卿有傳、陳绛應天府丹有傳

徐維賢參政有傳　、葛桐知縣有傳

、陳信刑部員外郎　、謝讜知縣有傳

嘉靖三十二年陳謹榜

、陳縉刑部郎中有傳　、楊旦主事

、金柱副使通學公呈立傳一本縣贊曰居官歷監安懷而清苑之聲更著歸家懋敎孝友而耿介之操不二本府朱諱芹曰金公廉介耿直勳業爛然允有光于邑史見名賢傳

嘉靖三十五年諸大綬榜

、潘清亶參議有傳　、鄭舜臣知府附傳

嘉靖三十八年丁士美榜

、張承賚僉事有傳、潘艮貴運使

嘉靖四十一年申時行榜

、鍾穀副使、朱朋求刑部郎中

嘉靖四十四年范應期榜

、謝師嚴主事有傳

隆慶五年張元汴榜

、謝師成知縣

萬曆二年孫繼皋榜

、倪東知府有傳

萬曆五年沈懋學榜

、鄭一麟

萬曆十一年朱國祚榜

、陳繼疇南京工部主事　、顔洪範刑部郎中附傳

萬曆十七年焦竑榜

、何大化按察司使

萬曆二十六年趙秉忠榜

、洪瞻祖鍾之曾孫

萬曆二十九年張以誠榜

、徐艮棟廉使有傳　、徐如翰兵備副使有傳

萬曆三十五年丁未黄士俊榜

、趙孟周知縣有傳

萬曆三十八年庚戌韓敬榜

、鄭祖法延平知府　、徐顯改名觀復兵部主事有傳

萬曆四十一年癸丑周延儒榜

、李懋芳山東巡撫有傳　、周夢尹湖廣鄖陽道副使有傳

萬曆四十四年丙辰錢士升榜

、徐人龍兵部侍郎有傳　、徐宗儒工部員外郎有傳

潘灼知縣

萬曆四十七年己未莊際昌榜

丁進翰林日講詹事有傳　徐景麟郎襄道副使有傳

天啓二年壬戌文震孟榜

倪元珙應天學院有傳　倪元璐户部尚書有傳

陳維新都察院副都御史有傳

天啓八年戊辰劉若宰榜

徐胤昇廣東高肇參政　陳美發翰林諭德有傳

崇禎四年辛未陳于泰榜

、顧儀郎中

崇禎十六年癸未楊廷鑑榜

、徐復儀刑部主事雲南主考不歸欵籍產

皇清順治六年己丑劉子壯榜

、謝泰元順會孫附籍會稽湖廣經畧督餉同知

順治十六年己亥徐元文榜

、李平楙芳之孫秘書院編修附籍山陰

康熙三年甲辰嚴我斯榜

、陳儁卿　、鍾聲之北籍

康熙六年丁未繆彤榜

、朱魁鰲辛丑科會試丁未殿試

上虞縣志　卷十三　十四

武職

內治天保外治采薇文武並用古之制也虞不乏忠勇之士漢朱太尉晉謝車騎皆名臣以武功顯桓糾壯猷不徒撝管賦詩托諸空文或建牙受脤或戮力行間捐軀報國者有矣志武職

宋

宣和三年　郭光

嘉泰元年　楊次山　由武進士歷官吉州刺史以楊后恩進封會稽郡王子谷新安郡王石永寧郡王並以擁立功封會孫鎮爲駙馬都統見西湖遊覽志

楊次海　驃騎將軍

沈淸夫　金吾將軍見西溪湖賦註

寶佑四年杜夢輿、趙崇濬

明

、徐啓洪武間由進士授蓋州衛千戶以功世襲

、姚寄立功登州世襲南京龍江衛百戶

姚鍾英以征麓川功授湖廣常德衛百戶

、陳汝忠隆慶辛未科任都督同知、陳汝孝萬曆戊戌科

、黃鉞萬曆辛丑科狀元都督同知掛征蠻將軍印

、顧文綱萬曆甲辰科狀元參將、陳拱以武功仕至廣東副總兵

陳儁萬曆己未進士雲南參將

徐至美崇禎辛未進士湖廣都司

陳大材崇禎庚午武舉

陳元霖崇禎庚午武舉

徐國泰直隸舊保安守備崇禎七年城陷闔門殉難事聞贈參將世襲總旗諭祭

蔣英武舉

舊載武職多畧不開科目間有遺缺無可稽覈今

皇清文武並用自立功特用外詳開科目用昭盛典

陳大材庚午武舉浙江都司陞嚴州副總

謝燦福建城守游擊　顧奇勲都司

武舉

順治五年戊子

陳一新任六合守備　丁暹

順治八年辛卯

丁樞功

順治十四年丁酉

管成

康熙五年丙午

金鼔

康熙八年己酉

徐彪

武進士

順治十八年辛丑

管成　鍾鉉壬辰科北籍

皇清特用

王世功滿州生員初任知州陞御史

趙振芳隨征生員建寧府同知德遴子

高選　滿州生員授山東武定州知州

陳恩正　隨征湖廣宜章縣知縣

封廕

士階一命輒邀福　王恩貤所生如其官秩漸高亦漸推而上授其子以文資賞延于世人臣遭是

可謂榮矣用書之以昭　國之寵命志封廕

恩封

、葉艮玉以子祇贈饒州府知府

、張文俊以子九容封山東布政使司參政

、薛廷玉以子才用贈都指揮使司都事

、張文昺以子鵬封東昌府知府

、張緬以子居傑封吏科給事中

、葛琦以子詡封監察御史

、范仲謙以子宗淵封監察御史

、謝居敬以孫澤贈通政司通政使

、謝惟震以子澤贈通政司通政使

、謝原宸以子琬封刑部郎中

、陸友仁以子儔封監察御史

、張孝先以子嵒封常塗縣知縣

、陳璟主簿以子金封刑部郎中

、羅璡訓導以子澄封監察御史

、葉緯以子冕封監察御史

、王處安以子鉉封吏科給事中

王燾 以子進封大理寺評事加封成都府知府

陸全 以子淵之贈禮部主事加贈敘州府知府

洪榮甫 以曾孫鍾贈太子太保刑部尚書

洪有恆 以孫鍾贈太子太保刑部尚書

洪薪 以子鍾贈太子太保刑部尚書

潘旻 以子府贈兵部主事

朱顯 以子蕙封京衛經歷

尹岐 以子洪贈監察御史

葛文玉 以孫浩贈大理寺卿

葛用聲以子浩封五河縣知縣加封邵武府知府贈大理卿

陳世英以子大紀贈大理寺評事

薛伯順以子貴贈南京金吾右衛經歷

張璁以子文淵封工部主事

謝謙以子忠封工部郎中

徐祐以子朴封刑部郎中

葉珊以子信封大理寺正卿

朱蕙京衛經歷以子袞封刑部員外郎加贈工部郎中

顧杲訓導以子洽封刑部主事

曹信　以子軒封監察御史
以子輯贈工部郎中
、車克高　以孫紀贈雲南
布政司參政
車廷器　以子紀封工部郎中加
贈雲南布政使司參政
陳汴　以子楠封大
理寺評事
、陳瓚　以子洙封
監察御史
、姚霽　以子翔鳳封
兵部員外郎
、謝銓　以子瑜封浦
城縣知縣
、賈幼安　以子大亨封
監察御史
、陳大練　以子信封
刑部主事

徐大中以子惟賢封工部主事加贈按察司副使

徐子熈光祿少卿以子應豐單恩進階奉政大夫

陳述以子絳封工部都水司主事加封青州府知府

陳述以子紹封南京河南道監察御史

金德昭州判以子柱累封按察副使

鄭遂典史以子舜臣封歙縣知縣

鍾祥以子穀封刑部主事加贈員外郎

倪應蘄以子東封安福縣知縣

徐子麟訓導以[illegible]希明累封[illegible]知州

顧天錫以子洪範封上海縣知縣加封刑部員外郎

陳守信以子王庭封萬載縣知縣

陸汝大以子鯉南雄府同知汝大性純孝至老孺慕不衰早失恃繼母待之少恩而汝大曲意承歡不色喜不已拮据殖生以備起家授新興丞有惠愛聲至捐俸以葺學宮青衿懷德見新興志

徐廷仁以孫震贈中大夫自幼好讀書惜早卒令媍以節旌祖以孫貴咸稱積善之報云

徐龍德以子虞封文林郎加贈中憲大夫累贈中大夫

陳僖以子民性封臨淮縣知縣

顧吉邑庠生以子克贈工部郎中好學能文詩
易端亮居恒以不愧形影爲訓開塾授徒
從遊者踵集
韞奇不試卒

許復宗以子惇封欽天監
承德郎中官正

沈佩以子桂封太
興衛左經歷

劉濂以子木封兵
馬副指揮

鄭舜臣知府以子一麟
進階中憲大夫

陳旦以子繼疇封泉州府推官生有大志早孤
力學嘗以孝經小學授繼疇曰是可終身
行之者及繼疇顯迎養泉州辭老不及反汝祐
無枉法即遺我以安司理考最封以冠冕獻嘆
曰紫不及親不忍服也
人皆比之陳仲弓云

洪椿以子贍祖封兵科給事中

徐希濂以子如翰封行人司行人后封出西𠫭政

范友浩以子璹封虎賁衛經歷

丁文澤以子彩封京衛經歷

范位以子棟卿封南京羽林衛經歷

陳國光縣丞以子文會覃恩進階修職郎光禄寺監事

徐子价端方直諒博學善文徐文彪延爲義學師孫良棟封廣東布政司𠫭政

徐秉文天性質直與物無忤邑庠生以子良棟纍封廣東布政司𠫭政

徐之縉以孫人龍封兵部右侍郎

顧吉邑庠生以子克贈工部郎中好學能文和易端亮居恒以不愧形影爲訓開塾受徒從遊者匯集韞奇不試卒

許復宗以子惇封欽天監承德郎中官正

沈佩以子桂封太典衛左經歷

劉瀟以子木封兵馬副指揮

鄭舜臣知府以子一麟進階中憲大夫

陳旦以子繼疇封泉州府推官生有大志早孤力學嘗以孝經小學授繼疇曰是可終身行之者及繼疇顯迎養泉州謂老不及反汝苟無枉法即遺我以安司理考最封以冠冕獻嘆曰榮不及親不忍服也人皆比之陳仲弓云

何鳳廷 以子大化封衛輝府知府

徐鳴玉 照磨以子爾一封工部員外

徐如山 庠生以子一掄封山東道御史

陳雲器 以孫維新封副都御史

陳應期 溧陽縣少尹以子維新封副都御史

陳約 舉人知縣以子矣發封翰林諭德

徐廷櫝 庠生以子胤昇封兵部車駕司主事

徐承寵 庠生以子復儀封刑部主事復儀無嗣家產被藉寵年七十有三復生一子人謂積善之報云

趙宋醇庠生以子履祥封郟州

李宗貢生以子季封翰林院編修

趙完璧以子雲陽封知縣

恩廕

謝儼以父澤廕大理寺評事

洪濤以父鍾廕南京都察院都事

葛臬以父浩廕南京都察院照磨

韓洸以父銳廕都司斷事

葉志周以父經廕詹事府錄事附傳

上虞縣志卷十三終

上虞縣志卷之十四

人物志

鄉賢　名賢　忠烈
理學　孝義　隱逸　文苑
烈女　寓賢
仙釋　幽感

先民仲王有言風衝之物不得育水湍之岸不得峭語地脉也邑諸公盛于漢及晉再盛于南宋元其間寥寥者何葢隋唐數朝邑若布碁條分條合當是時輿圖析而文獻播地且兼專屬謂生人何其爛焉溢於睹記勝國時稱彬郁今
聖化昭宣地靈回潏瑞故芝蒸膏故穀植艮不誣

矣作人物志

鄉賢

畏壘之祝庚桑以其讓耳鄉先生歿而可稱述者法得俎豆于賢人之閒然祀嚴則祀者藉重祀濫則未祀者藉口持輿論者毋出畏壘下哉志鄉賢

漢

王充 徵君有傳

魏朗 河內太守有傳

朱儁 太尉有傳

孟嘗 合浦太守有傳

晉

謝　安太傅有傳

宋

趙子潚龍圖學士有傳

夏䕫龍廸功郎有傳

豐　誼吏部郎中有傳

潘　時左司郎中有傳

趙艮坦監簿有傳

劉漢弼戶部侍郎有傳

劉漢傳 司農卿有傳

李知退 刑部侍郎

貝欽世 建康僉判有傳

劉漢儀 鄞縣丞與兄漢傳合傳

宋延胤 兵部尚書有傳

李光 參知政事有傳

明

陳金 廣東左布政有傳

陸淵之 河南布政使有傳

劉履 處士有傳

謝肅 福建僉事有傳

王仁 同安訓導

俞繪 崇陽教諭有傳

潘府 太常少卿有傳

貝秉彝 東阿知縣有傳

葛浩 大理卿有傳

車純 右副都御史有傳

葛木 山西參政有傳

陳紹　韶州府知府有傳

朱家　興化府知府有傳

韓銑　韶州府同知有傳

葉經　山東監察御史有傳

陳大經　將樂知縣有傳

胡景華　龍巖知縣

姚翔鳳　行太僕卿有傳

倪鎧　南城知縣有傳

徐子麟　朝城訓導封卯州有傳

謝澤 通政司使有傳

張輝 五經儒

金柱 按察司副使有傳

鄭遂 遂溪尉封知縣有傳

鄭舜臣 柳州府知府進階中憲大夫

徐希明 蘄州府同知有傳

倪涑 知府有傳

陳雲器 庠生

謝師巖 工部主事有傳

謝　僑　敘州府同知有傳

王　誠　東昌府通判陞長蘆運同致仕

上虞縣志卷之十四終